AF451736

TRAITÉ

OU

ANALISE

D'UN CANAL

PROJETTE' POUR DERIVER
une partie des Eaux de la Durence,
pour Aix, Marseille & Tarascon.

CONTENANT

La preuve de sa possibilité ; l'estimation
de sa dépense & de son produit ; les
avantages qu'il procurera à SA MAJESTE',
à cette Province & aux Personnes qui
le feront construire.

DEDIE'

A MESSEIGNEURS ET MESSIEURS
LES PROCUREURS DU PAYS
DE PROVENCE, NEZ ET JOINTS.

Par le Sr. FLOQUET, *Architecte Hydraulique*

(§)

A MARSEILLE,

De l'Imprimerie de PIERRE BOY, Imprimeur
Libraire du Roy, près la Loge. 1742.

AVEC PERMISSION.

[Cachet : BIBLIOTHEQUE NATIONALE]

A MESSEIGNEURS
ET MESSIEURS
LES PROCUREURS
DU PAYS DE PROVENCE,
NEZ ET JOINTS.

MESSEIGNEURS ET MESSIEURS,

A qui puis-je mieux adresser un Ouvrage dont le but est l'interêt public, qu'à Vous, MESSEIGNEURS ET MESSIEURS, à qui ce même interêt est confié ? La démonstration évidente de la possibilité d'un Canal tiré de la Durence pour Aix & pour Marseille, est la matiere la plus interessante que l'on puisse traiter pour cette Province. Cette nécessaire entreprise, désirée depuis si long-tems, & aprouvée toutes les fois qu'elle a été proposée, ne peut à présent manquer d'avoir son exécution. La permission que Vous m'avez donnée, Messeigneurs et Messieurs, d'en répandre l'Analise & le dévelopement sous vos Auspices ; l'exemple de vos Illustres Prédecesseurs, & plus encore les grands biens qui doivent naître de la construction de ce Canal, m'assurent vôtre puissante Protection. Si on vous voit embrasser avec ardeur les moindres occasions de procurer quelque avantage à la Province, que ne doit-on pas attendre de vôtre générosité,

Messeigneurs et Messieurs, quand il s'agit de lui en procurer un qui les réünit presque tous? Favoriser mon Projet, c'est favoriser ma Patrie, dont Vous êtes les Peres ; c'est l'enrichir par la construction d'un Ouvrage dont l'évenement n'est plus douteux ; c'est diminuer les affreux dégats d'une Riviere inconstante & impetueuse ; c'est renfermer une partie de ses Eaux dans les bornes d'un Canal, les soumettre à nos besoins, procurer l'abondance, décorer nos Villes, fertiliser nos Campagnes, peupler la Province, étendre son Commerce, & faire enfin la félicité de ses Habitans.

Je devrois placer ici les éloges qui Vous font justement dûës, Messeigneurs et Messieurs : Mais ma Plume, à peine propre à traiter un sujet Hydraulique, ne suffiroit pas. Je me contenterai donc d'admirer avec

le Public tant de rares qualitez, fur
lefquelles je dois garder le filence,
& je me bornerai à Vous affurer,
Messeigneurs et Messieurs, que
rien ne peut égaler le zéle & le profond refpect avec lequel je fuis,

MESSEIGNEURS ET MESSIEURS,

Vôtre très-humble
& très-obéïffant
Serviteur.

FLOQUET.

PRÉFACE.

LE Traité que je donne au Public sera discuté d'autant plus severement, que le sujet en est interessant. Il est d'une nature cependant à m'inspirer quelque confiance : Aucun Projet n'a, je pense, réüni tant d'avantages à la fois. Je l'ai communiqué aux personnes que j'ai crû les plus entenduës dans ces matieres : Elles l'on aprouvé. M. de Bœuf, Conseiller en la Cour des Comptes de cette Province (duquel je ne pourrois rien dire qui ne fût au-dessous de la réputation que son mérite lui a fait) a pris la peine de lire ce Traité en Manuscrit, & d'en examiner tous les calculs.

Peu de gens pousseront la méfiance

auſſi loin que je ſuis dans l'examen trop rigoureux des Revenus du Canal. La démonſtration de ce produit étoit la ſeule Objection où s'étoit retranché le petit nombre d'ennemis de cette Entrepriſe. Si cette démonſtration eſt claire & ſolide, l'exécution du Canal ſera trouvée auſſi avantageuſe qu'elle eſt déſirée.

On dira peut-être que je devois joindre à ce Traité le Nivellement, le Plan & le Profil ou Coupe du Canal : Il l'eût fallu ſans doute, s'il s'agiſſoit d'un Projet dont le Revenu dût rouler au tour des interêts de la dépenſe ; mais celui dont il s'agit eſt tel, que quand on porteroit la dépenſe au double de ce qu'elle doit être, & que ſon produit ſeroit diminué de la moitié, ce produit ainſi rabaiſſé ſurpaſſeroit encore les interêts de cette dépenſe exagerée : D'ailleurs, comme la Vente des Eaux par ſouſcription est quant à présent le plus sûr moyen de construire un ou plusieurs Canaux, & qu'il peut arriver que cette Vente n'assure cette construction que pour certaines Villes & Communautez où l'on aura souscrit, la route pourroit être changée en plusieurs endroits, soit pour amener une plus grande quantité d'Eau, en donnant plus de pente, soit parce qu'alors on ne songeroit qu'à porter les Eaux aux endroits où elles devroient être consommées.

Une autre raison que j'ai eu pour suprimer ce Plan & ce Nivelement, est qu'outre que ces Operations auroient trop rétardé l'impression de ce Traité, on auroit peut-être pû les suspecter, dans l'idée où l'on est que les hommes sont ordinairement prévenus en faveur de leurs découvertes : C'est pour cela que j'observe de ne donner pour régle aucune de mes Operations ; je puise les longueurs, les pentes, le nombre des Ponts, & autres Observations essentielles, dans le Devis & le Nivellement de Mr. Colombi & autres personnes habiles qui l'ont fait ancienement, ne voulant déterminer toutes ces choses qu'en présence & conjointement avec les Chefs ou les Députez des Entrepreneurs qui pourront se présenter pour la construction du Canal, ou avec les Ajoints qu'on me donnera ou que je prendrai, soit qu'une Compagnie de Fournisseurs, d'Actionnaires ou d'Assurance l'entreprenne, ou que je le fasse par moi-même avec la seule ressource des Ventes d'Eau par souscription ; ce sera alors le tems de déterminer definitivement la route que le Canal devra suivre, qui ne sera cependant changée qu'autant que la consommation des Eaux l'exigera, ou que les difficultez & la dépense en seront diminuées : Il suffit à pré-

sent que celle que j'ai prescrit soit pra-
ticable & même facile.

Ces Ventes d'Eau par souscription
détermineront la dépense du Canal, &
aplaniront si fort les dificultez de cette
entreprise, que par leur moyen toutes
les Objections qu'on pourroit faire s'é-
vanoüiront. On ne craindra point que
le Public donne dans un Projet ruineux,
puisqu'en l'exécutant aux depens même
des Souscripteurs, ceux-ci ne risquent
rien, dès qu'ils ne doivent payer qu'a-
près qu'on leur aura livré l'Eau dont
ils auront besoin. La Compagnie qui avan-
cera les fonds pour la construction des
Ouvrages, ne risquera rien non plus,
puisque ces mêmes Ventes d'Eau lui assu-
reront son remboursement dès que le
Canal sera fini, & qu'indépendamment
de ce remboursement, elle retirera encore un Revenu annuel & perpetuël de

15. à 20. pour cent des mêmes fonds dont elle aura été remboursée ; ce qui fera un placement unique. Elle pourroit même, en prenant la voye des Actions, ne fournir aucun fond, & joüir à perpetuité d'une Rente annuelle de 4. à 600. mille livres, tandis que les Actionnaires qui fourniroient à la dépense du Canal, retireroient aussi à perpetuité un interêt de 6. à 8 pour cent des sommes qu'ils auroient avancées, quoiqu'elles leur essent été remboursées après que le Canal seroit achevé, & que les Souscripteurs auroient payé le montant de leurs Souscriptions.

Comme je n'ai d'autre talent que l'Architecture Hydraulique & la conduite des Eaux, & que le Projet d'un Canal auroit pû passer dans l'esprit de certaines personnes pour une Entreprise trop difficile ou peut-être avanturée, je fis imprimer en 1740. un Mémoire pour prouver que ce Projet étoit très-possible & interessant pour le Roy & pour la Province : Si je ne parlai point alors des avantages qu'en retireront ceux qui en feront la dépense, c'est que j'étois en traité avec une Compagnie qui voulut ensuite exiger des conditions qui ne pûrent me convenir. C'est pour n'être plus exposé à l'avenir à perdre mon tems en Conférences ou en Correspondances inutiles, que je me suis déterminé à déveloper tous les avantages du Canal, afin que les personnes qui voudront y prendre interèt puissent me faire leurs propositions à Aix, Lieu de ma résidence : Elles ne doivent pas craindre que qui que ce soit puisse à mon préjudice dériver les Eaux de la Durence dans toute l'étenduë de la Provence. J'ai ce droit préferablement à tout autre, non-seulement par la Cession du Privilége dont je parle dans ma premiere Partie, mais par un nouvel Accord en bonne & düe forme, que je viens de passer dans le tems-même qu'on imprimoit ce Traité.

ANALISE

ANALISE D'UN CANAL

POUR AIX,

MARSEILLE ET TARASCON.

DESSEIN DE CET OUVRAGE.

E Projet d'un Canal en Provence n'eſt pas nouveau. La ſéchereſſe ordinaire pendant une partie de l'année dans cette Province, en a fait ſentir de tout tems l'utilité : Mais on n'eſt jamais entré dans un détail qui pût le faire réüſſir. On en a toûjours parlé ſuperficiellement, & ſans exa-

A

miner s'il eſt poſſible & avantageux; s'il eſt facile ou non, & ſi c'eſt une chimere ou une réalité : On eſt enfin ſi peu inſtruit ſur cette matiere, que bien des gens, décidant du Canal au hazard, le condamnent ſans le connoître, & communiquent leurs fauſſes préventions au Public, qui le déſire avec raiſon.

Je vai tacher de détromper les uns, & de raſſurer les autres, en donnant de ce Canal une idée qui puiſſe en faire porter un jugement ſolide. J'en décrirai la nature, le cours & les dimenſions; j'en démontrerai la poſſibilité; j'en examinerai enfin les avantages, en entrant dans un détail exact de la dépenſe, du revenu & du tems qu'on employeroit à le conſtruire, pour convaincre le Public, & principalement les Habitans des Villes & Communautez intereſſées, que le ſort de cet important Ouvrage eſt entre leurs mains, & qu'il ne tient qu'à eux de ſe le procuter ſans aucun riſque.

Il ne s'agit pas ici du Canal dont la chute & le décri firent tant de bruit à Paris en 1718. Celui que je propoſe eſt différent dans toutes ſes parties & dans tous ſes objets. Je ne ſçais pas pourquoi on voulut donner à ce premier le titre de Canal de Provence : Il devoit ne couper que la plus petite partie de cette Province, traverſer le Comtat, & ſe terminer dans le Dauphiné. J'ai apris ces circonſtances par un Imprimé de ce temslà, intitulé, *Motifs & avantages du Canal projete, pour ce qui regarde la Ville d'Avignon, celle de Carpentras, &c.* où il eſt dit mot à mot, *qu'il devoit être tire depuis la Mer à St. Chamas, & conduit a'un côté à Avignon, & de l'autre à Donʒere en Dauphine, pour tomber dans le Rhône.* Son principal objet devoit être la Navigation ; mais l'exécution en ayant été reconnuë trop difficile par la néceſſité où l'on étoit de traverſer la Durence, & d'ailleurs le Pape ayant réfuſé le paſſage dans ſes Ftats, on fut obligé de ſe déſiſter de cette entrepriſe, & les Actions en furent tranſportées au Canal de Picardie par Arrêt du Conſeil.

Ce dernier Canal, quoiqu'avantageux en aparence, devant joindre pluſieurs Provinces du Royaume avec l Ocean, & leur procurer une grande facilité pour le Commerce, n'a cependant été fait qu'en partie, ce qu'on ne doit attribuer aparemment qu'au défaut d'un produit proportionné à la dépense, que la seule Navigation ne donne pas sans doute, ou peut-être au préjudice que ce nouveau Commerce auroit pû porter à celui de quelques Villes considérables.

Il est vrai que plusieurs autres Canaux projettez en diverses Provinces du Royaume, dont le principal objet étoit la Navigation, n'ont pas mieux réüssi : Mais celui de la Durence ne doit pas craindre un pareil sort. La Navigation ne sera jamais que son moindre revenu : Il en assure tant d'autres, qu'on peut négliger celui-là ; & soit qu'on le fasse grand & navigable en descendant & en remontant ; soit qu'on le fasse médiocre & simplement flotable en descendant, je prouverai dans la suite que son produit excedera de beaucoup les interêts de la dépense.

Comme j'ai ce projet en vûë depuis plusieurs années, j'ai eu le tems d'en acquerir assez de connoissance pour en faire l'Analise. Les obstacles qui s'oposent à mon entreprise m'animent, bien loin de me décourager : la gloire de les surmonter, est pour moi un puissant éguillon. Je sçais d'ailleurs que les Ouvrages de cette importance furent toûjours fufceptibles de délais & de difficultez. Nous en avons un exemple dans le Canal Royal de Languedoc. M. de Bavile nous aprend dans fes Mémoires Pag. 320. qu'il étoit projetté depuis les Regnes de Charlemagne & de François Premier: Il avoit été propofé à Henri IV. & à Loüis XIII. On l'avoit défiré de tout tems: Mais fi M. Riquet ne s'étoit fait une étude particuliere d'en concevoir & d'en démontrer la poffibilité, un Monument fi utile & fi glorieux à la Nation, n'eût jamais été commencé. Il eft vrai qu'il fallut le fécours du Roy & le concours de la Province, pour la conftruction du Canal de Languedoc, à caufe de la médiocrité de fon produit; mais il n'en fera pas de même du Canal de la Durence: fon revenu fera fi folide & fi confidérable, que je me flate qu'il fera aifé de trouver une Compagnie pour en faire la dépenfe. Rien n'eft difficile dans cet Ouvrage: On pourra le commencer quand on voudra. Je fuis feul Proprietaire, par Ceffion en bonne forme de l'année 1736. & par une autre en 1740. confirmant cette premiere, du Privilége accordé par le Roy à

M. *le Marquis d'Oppede, ses Successeurs & ayant cause, de dériver & conduire les Eaux de la Durence par un ou plusieurs Canaux, Navigables ou non, dans toute l'étenduë de la Provence, pour les porter & dégorger en tels lieux que je trouverai les plus commodes, à la charge d'indemniser les Proprietaires des Terres que le Canal traversera, & de faire construire des Ponts sur les Chemins Publics qu'il coupera.*

Les Lettres Patentes qui m'ont été cédées, disent que *le Canal avec son Fond & quatre Toises de chacun des deux côtez, seront en Fief mouvant de Sa Majesté, avec droit de Justice & exemption de toutes Tailles, Impositions & autres Charges généralement quelconques ; le tout à condition de payer annuellement trois livres par forme de Cens à la Recette du Domaine, &c.*

Je diviserai ce Traité en trois Parties.

La premiere contiendra l'idée générale de deux differens Canaux, qui auroient leur source & leur prise au même endroit, & la démonstration de leur possibilité.

Dans la seconde j'établirai les avantages de ce projet pour le Roy, pour la Province & pour les personnes qui prendront

interêt à l'entreprife ; j'en eftimerai la dépenfe, & le tems qu'il faudra pour la
conftruction.

Je propoferai dans la troifiéme Partie plufieurs moyens pour en faire les fonds, &
les avances néceffaires, avec toute forte de
fureté pour le Public & pour les Intereffez.

PREMIERE PARTIE.

IDE'E GENERALE DE DEUX
differens Canaux.

L'Interêt du Public infpira de tout tems
l'idée & le projet des Canaux.

M. Rolin fait obferver à cette occafion
dans fon Livre de l'Hiftoire ancienne Tom.
3. in 4°. Pag. 448. que *dans tout Pays bien
fage & dans tout Etat bien policé, la cul-
ture des Terres & la nourriture des Troupeaux,
deux fources affurees de richeffe & d'abondance, ont toûjours fait un des premiers foins du
Miniftére Public, & que négliger l'une ou l'autre de ces deux parties, c'eft manquer à une*

des plus importautes Maximes de la Poli-
tique.

Ne seroit-ce pas manquer totalement à ces deux points, dont la conséquence & la nécessité se font si bien sentir, que de réfuser des Arrosages à un Pays comme celui-ci, où la séchereſſe fait presque toûjours évanoüir les esperances de la plus belle Récolte ? Nous avons vû l'Eté dernier 1741. comme tant d'autres fois, les Plantes mourir & les Fruits deſſécher par l'extrême aridité de la Terre.

PROJET D'UN CANAL
de Navigation & d'Arrosage.

Pour prévenir & pour éloigner les ravages de la séchereſſe, on pourroit dériver une partie des Eaux de la Durence par un Canal navigable en descendant & en remontant, qui fourniroit aux Arrosages, & fairoit mouvoir une infinité de Moulins & Machines de toutes sortes: Ses Eaux décoreroient les Villes, les Bourgs & les Héritages des Particuliers.

Ce Canal pourroit être divisé en deux Branches principales, dont l'une commu-

niqueroit au Rhône près de Tarafcon, &
l'autre à la Mer à Marfeille, après avoir
paffé par Aix. On établiroit le point de
divifion & le Baffin de partage des Eaux,
dans le Terroir d'Alain.

La premiere partie de ce Canal, depuis
fa prife jufqu'au Baffin de partage, pourroit avoir une profondeur verticale d'environ dix pieds, fur une ouverture ou largeur au haut de huit à dix Toifes, &
de quatre à cinq au bas dans les endroits
creufez dans le Terrain. Son cours feroit
à travers les Terroirs de Jouques, Peirolles,
Meirargues & Venelles, en deffous de celui de Font-Colombe, à travers ceux du
Pui & d'Arnajon, paffant à une médiocre
diftance du Château de M. le Blanc ; de
là au Terroir du Sr. Steve, au Sud du
Village, fur le penchant des Montagnes
de Janfon ; laiffant enfuite du côté du
Nord la Campagne de St. Granon, contourneroit une partie des Plaines de Rognes,
& reprenant enfuite le penchant des Collines & des Montagnes de ce dernier endroit, & de celles de Silvacane, la Roque,
Valbonette, Charleval, Bonneval, les Taillades & Vernegue, il arriveroit dans le

Terroir d'Alain, où pourroit être placé, comme je l'ai dit, le Baſſin & point de partage des Eaux.

BRANCHE DU GRAND CANAL
pour Aix, Marſeille & Taraſcon.

La Branche principale de ce Canal, qui joindroit ce Baſſin avec la Mer à Marſeille, pourroit n'avoir que la profondeur perpendiculaire d'environ huit pieds ſur une largeur de ſept à huit Toiſes au haut, & de trois à quatre au bas : Elle traverſeroit le reſte du Terroir d'Alain, auroit enſuite ſon cours ſur le penchant des Montagnes, Collines & Terroirs de la Manon, Salon, Peliſſane, Suë, la Barbén & Lanſon.

Elle entreroit dans le Valon de Vautubiere, d'où elle ſeroit ſoûtenuë à travers les Terroirs de Ventabrén, d'Aiguilles & d'Aix, pouvant à la rigueur paſſer au deſſus de cette Ville entre l'Hôpital Général & la Porte Nôtre-Dame. Elle traverſeroit enſuite le Chemin d'Aix à Vauvenargues & le Vallon de Barret ; laiſſeroit à une certaine diſtance, & ſuperieurement, la Campagne du ſieur Gregoire,

Négociant ; rouleroit ſes Eaux ſur le penchant des Montagnes du Tholonet, en derriere & plus haut que le Château. Après pluſieurs contours, & à la hauteur que le Niveau exigeroit, laiſſant à main droite, & inferieurement, le Chemin d Aix à Toulon, & à peu de diſtance de la Campagne du ſieur Roche, elle arriveroit peu loin de la Saurine, où elle traverſeroit ce Chemin & la petite Riviere de l'Arc (dont le Lit & les Bords ſont tous Rocher) ſur un Aqueduc qui porteroit les Eaux ſur le penchant du Mont Aigués , qu'elles parcourroient à peu près parallélement a la Ville d'Aix, pour venir couper le Chemin de Marſeille fort ſuperieurement & loin du Pont de l'Arc ; & après avoir ſuivi le penchant d'une partie des Collines qui ſeparent ce Pont des plaines de Luines, ce Canal contourneroit une partie du Terroir de Valabres, paſſeroit enſuite à quelque diſtance de la Campagne du ſieur Roman, entre le Village de Bouc & le Chemin d'Aix à Marſeille, en deſſous de Cabriés, au deſſus de la Foraine vieille, ou Campagne du ſieur Imbert. Pourroit entrer dans le Vallon de Baume-Baragne , traverſer le

plan de Campagne, le Chemin de Marfeille à St. pons & celui d'Aix à Marfeille, qu'il fuivroit du côté de l'Eft pendant toute la longueur que l'on voudroit;
& après avoir paffé dans le Terroir de Septemes, il feroit pouffé jufqu'à Marfeille
par la route qu'on trouveroit à propos,
puifqu'il y en a plufieurs.

BRANCHE DU GRAND CANAL
pour Tarafcon.

L'autre Branche de ce même Canal, qui
communiqueroit le Baffin de partage des
Eaux avec le Rhône, auroit la même profondeur & la même largeur que la pré-
cedente. Il eft inutile de décrire ici le
cours de cette Branche, qui pourroit être
établie dans de belles & vaftes plaines. Je
me contente de dire en paffant, que ce
Canal laifferoit à main gauche le Terroir & la Ville de St. Remy, & dégor-
geroit fes Eaux dans le Rhône au deffus
de Tarafcon.

CANAL D'ARROSAGE,
ou de Flotaifon en defcendant.

On pourroit, au lieu de ce grand Canál , en faire un autre depuis la Durence juſqu'à Aix & à Marſeille, deſtiné principalement pour les Arroſages, les Moulins, Engins & Machines de toute eſpece. Il ſerviroit pour décorer les Villes, les autres Communautez & les Héritages des Particuliers, pour la Navigation ou Flotaiſon en deſcendant. Il ſuivroit la même route que le précedent, & ne ſeroit point diviſé pour être conduit à Taraſcon. Il auroit environ 8. pieds de profondeur verticale, & ſeulement 5. Toiſes de largeur au haut, ſur 3. ou environ au bas : il ſeroit d'une moindre dépenſe en tems & en argent.

ENDROIT DE LA PRISE
des Eaux.

La dérivation ou priſe des Eaux de la Durence pour ces Canaux, ſeroit très ſolidément établie aux environs du Bac de Mirabeau dans le Terroir de Jouques, à quatre lieuës d'Aix, à travers du Roc inébranlable de *Cante-Perdrix*, qui avance dans la Riviere, & reçoit en tout tems le choc du courant des Eaux, au deſſus & au-deſſous

de cette priſe. La Riviere eſt bordée de
chaque côte d'une chaîne de Montagnes et
de Rochers, dont celui de *Cante-Perdrix*
fait partie ; ce qui aſſureroit pour toûjours,
& mettroit à l'abri de tout évenement cette premiere & principale partie du Canal.

DÉMONSTRATION
de la poſſibilité du Canal.

Je pourrois me diſpenſer de donner de
nouveau la démonſtration de la poſſibilité
du Canal, dont on eſt généralement convaincu dans la Province, ſi je n'écrivois
pour ceux qui en ſont éloignez, & pour
ceux à qui mon précedent Mémoire ne
ſera pas parvenu. On ne peut faire contre cette poſſibilité, que les trois Objections ſuivantes.

Les Eaux de la Durence ſont elles en
tout tems aſſez abondantes ?

Les inégalitez du Terrain dans une partie de la route du Canal ſont-elles aſſez
conſidérables pour rendre cet Ouvrage trop
cher ou trop difficile ?

La pente depuis la priſe des Eaux juſqu'à Alain, de là juſqu'à Taraſcon & au

Rhône d'un côté, & jusques à Aix & à Marseille de l'autre, sera t'elle suffisante?

SOLUTION
de la premiere Difficulté.

Il est aisé de prouver que les Eaux de la Durence suffiroient en tout tems pour fournir à plusieurs Canaux. Il n'est pas besoin pour cela de faire des operations difficiles, ni d'avoir recours aux deux Jauges que j'en ai fait dans le tems d'une médiocre abondance, qui ont déterminé la dépense de son Eau à plus de 700. mille pouces par minute. On peut plus simplement prouver que les Eaux de cette Riviere sont toûjours assez abondantes. Chacun est en état de remarquer la vitesse de son cours, & de prendre les dimensions du volume de son courant. J'ai fait cette simple & sure observation sur la fin du mois d'Août, dans celui de Septembre, & au commencement d'Octobre 1741. Je trouvai que cette Riviere ne pouvoit alors être traversée que par Bateau vers l'endroit où sera la prise du Canal : Je la passai à 150. Toises au-dessus de ce même endroit. Ses

Eaux avoient un mouvement & un cours très rapide : leur profondeur moyene étoit d'environ 5. pieds, & leur largeur de près de 25. Toises. Je l'avois passée auparavant au Bateau de Cadenet, où elle étoit plus étenduë qu'à Mirabeau : l'Eau qu'il fallut gayer pour arriver à ce Bateau, auroit suffi pour un Canal de Navigation & d'Arrosage. On peut juger par là du reste de la Riviere, que je repassai trois jours après au Port de Pertuis : Elle y formoit alors trois differentes Branches, que l'on passoit en autant de Bateaux ; les deux premieres avoient environ 15. Toises de largeur chacune ; le courant en étoit rapide, & le Bateau, quoique bien chargé, alloit de l'un à l'autre bord. La derniere Branche avoit environ 10. Toises de largeur ; & quoiqu'elle coulât avec beaucoup moins de vitesse à l'endroit où étoit le troisiéme Bateau, & aux environs, je trouvai néanmoins, en la jaugeant avec la Machine de Mr. Pitot, & par la vitesse de son cours, que la dépense de ses Eaux étoit d'environ 30. mille pouces dans l'espace de 60. secondes ; c'est-à-dire, qu'elle en dépensoit cinq à six fois autant qu'on en avoit en construisant le

Canal

Canal du Languedoc, suivant l'Auteur du Spectacle de la Nature. (*a*) Cette épreuve peut donner une idée assez aprochante de la grande quantité de pouces d'Eau toûjours coulans des deux autres Branches.

Il est certain que la sécheresse n'a jamais été plus grande dans cette Province que l'année derniere (1741.) Tout le monde sçait qu'il n'y avoit point de Neige au mois d'Août sur les Montagnes, dont les écoulemens tombent dans la Durence, & qu'il n'avoit pas plû sur sa route depuis plusieurs mois. Il est donc évident que cette Riviere ayant dans ce même-tems de sécheresse suffisamment d'Eau pour fournir à plusieurs Canaux, on ne doit pas craindre qu'elle en puisse manquer jamais.

Pour confirmer cette preuve par une Autorité non-suspecte, je dis avec Messieurs les Procureurs du Pays de l'année 1737. que *dans les plus grandes sécheresses on passe toûjours la Durence par le Bac de Mirabeau; d'où il s'ensuit qu'il restera suffisamment d'Eau pour ce Canal, pour celui de Craponne, &c.* C'est ainsi que ces Messieurs réfuterent l'Objection dont il s'agit, ha-

(*a*) Tom. 3. Pag. 60

B

faidée par un Auteur Anonime, qui ne connoiſſoit ſans doute ni ſon véritable intérêt, ni celui du Pays. Les Eaux de la Durence ſeront donc en tout tems ſuffiſantes pour nourrir le Canal de Craponne, celui de Provence, quelque grand qu'il puiſſe être, & même pluſieurs autres. J'en ſuis ſi aſſuré, que je projette après que ce dernier Canal ſera fini, d'en dériver trois autres, deux au Septentrion de cette Riviere, dont l'un arroſeroit le Terroir de Manoſque & autres Lieux inferieurs, & l'autre les Plaines de Pertuis, Villelaure & Cadenet ; & le troiſiéme Canal ſeroit pris dans le Terroir de Nove, pour ſervir à l'Arroſage de pluſieurs vaſtes Terrains. Il pourroit être deſtiné à groſſir la ſeconde Branche du grand Canal de Navigation, au cas que le Roy, la Province ou une riche Compagnie vouluſſent le faire ; & cette ſeconde Branche, qui iroit joindre le Rhône, de quelque capacité qu'elle pût être, ne ſuffiroit qu'en partie pour l'Arroſage des Plaines inferieures, parce qu'elles ſont immenſes, & qu'elles abſorberoient une grande Riviere, outre qu'il faudroit y conſerver l'Eau néceſſaire pour

là Navigation: Mais fi l'on conftruifoit feulement le Canal flotable & arrofant pour
Aix & Marfeille, celui qui feroit tiré de
la Durence dans le Terroir de Nove, fairoit un Ouvrage féparé qui feroit très-facile, peu difpendieux, & qui procureroit
à ces Plaines les mêmes avantages à proportion, que le grand Canal de Navigation qui iroit dégorger dans le Rhône.

Ces differens Canaux ne dépenferoient
encore qu'une partie des Eaux de la Durence ; mais ne feroit il pas à fouhaiter
pour l'avantage du Roy, pour celui de la
Province, & pour le bien du Commerce,
que cette Riviere fût épuifée par tant de
dérivations & de faignées, qu'elle ne pût
plus faire à l'avenir par fes débordemens
affreux, les ravages qu'on remarque fur
fon cours, & qu'il fût poffible de culti-
ver un jour tout le vafte Terrain qu'elle
a inondé, qui produiroit dequoi faire fub-
fifter une partie des Habitans de la Province ? J'ajoûte que tous ces Canaux ne
fouffriroient rien de l'execution de ceux
qu'on pourroit faire fur le cours des autres Rivieres qui dégorgent dans la Durence : Cette Riviere pourroit encore moins

se déborder alors, comme il arrive ordinairement dans le tems de la fonte des Neiges, qui est celui des Arrosages, les inondations étant plus rares en toute autre saison.

Il faut conclurre de tout ce que je viens de dire, qu'on ne doit pas apréhender une disette d'eau, ni d'être obligé d'en faire des magasins, quoiqu'on le pût facilement & à peu de frais en plusieurs endroits superieurs à la prise du Canal, & disposez naturellement à cet usage.

SOLUTION
de la seconde Difficulté.

Les Montagnes qui empêchent de conduire en ligne droite un Canal depuis la Durence jusqu'à Aix & à Marseille, & qui forment une Chaîne qui semble lui fermer le passage, ont de tout tems paru un obstacle à ceux qui ne connoissent pas la route que Mr. Colombi nous avoit frayée. Par cette route, qui est la même que j'ai déterminée ci devant, on peut facilement introduire les Eaux de cette Riviere dans les Terroirs de ces deux Villes. Ces Mon-

tagnes arrêterent les operations d'un In-
genieur chargé de cet examen en 1724.
mais s'il fut aboutir à la haute Montagne
du *Jas-Blanc*, qu'il trouva, dit-on, sur son
paſſage, c'eſt qu'il ignoroit ſans doute le
nivelement de Mr. Colombi, ou qu'il ne
ſe donna peut-être pas la peine de niveler
lui-même. J'aurai occaſion de parler encore de cette chimerique difficulté ; celle
dont il s'agit à preſent eſt de ſçavoir ſi
les inégalitez du Terrain qui ſe rencontrent dans une partie du cours du Canal,
n'en doivent pas rendre l'exécution ou impoſſible ou trop diſpendieuſe. Il eſt vrai
que ces inégalitez rendent les Ouvrages &
plus chers & plus difficiles : Mais nous de-
vons nous eſtimer heureux d'avoir une route ſure & ſuivie par le Valon de Vautu-
biere, & de pouvoir franchir ces difficultez par le moyen de quelques contours.

Je conviens qu'il ſeroit plus aiſé & d'u-
ne moindre dépenſe, de conduire les Eaux
par les Plaines qui ſont au Nord de la
route preſcrite pour le Canal : Mais on
arriveroit alors à une moindre hauteur au-
près de la Ville d'Aix ; & cette épargne
eſt un trop petit objet, comparée à l'im-

portance de l'Ouvrage. Il eſt même ſurprenant que dans toute la longueur du Canal, il n'y ait qu'une excavation & profondeur conſidérable: Elle eſt entre Aix & Marſeille, au Plan de Campagne, & audelà, Terroir des Pennes & de Cabriés; encore pourroit on diminuer des deux tiers cette excavation, en profitant de la pente que l'on a pour ſe ſoûtenir autant qu'il le faut; & ſi on ſe détermine à creuſer plus qu'à l'ordinaire en cet endroit, ce ſera uniquement pour épargner plus de contours & de longueur au Canal, pour ſe procurer une plus grande quantité d'Eau, & pour diminuer la dépenſe.

La principale difficulté pour la conſtruction d'un Canal ſur le penchant des Collines & des Montagnes, conſiſte aux Murs de Soûtenement, aux Ponts & aux Aqueducs qu'il faut quelque-fois faire ordinairement plus grands; en la plus grande longueur des Contre-Canaux dont on a beſoin, & aux Chemins de tirage, quand ce Canal doit être navigable. Ces Ouvrages ſont alors plus chers & plus diſpendieux, qu'en plat Pays; mais comme la plus grande partie des Montagnes & des Collines qu'il faut côtoyer, font couvertes d'Arbres & d'Arbrisseaux, les Contre Canaux font moins néceffaires : On peut en rétrancher une partie, ou leur donner une moindre largeur, & diminuer d'autant la dépenfe, qui fe trouve d'ailleurs compenfée par la facilité que donnent les contours d'arrofer une plus grande étenduë de Terrain, & de conftruire un plus grand nombre de Moulins & autres Machines.

Cette dépenfe en ces endroits fe trouve auffi diminuée confidérablement, parce qu'ici le folide à enlever eft moindre de la moitié ou environ, & qu'on en précipite le déblai commodément & à peu de frais ; mais ce qu'il y a de plus favorable, il ne faudra que peu ou point de ces Murs de foûtenement pendant une partie du cours du Canal fur ces penchants, qui ont cet avantage, qu'on eft affuré, en les fuivant le Niveau à la main, de n'y donner au Canal que la profondeur qu'on voudra, foit que leur pente foit douce ou rapide ; au lieu que dans les endroits en Plaine peu inclinez, ou horifontaux, on n'a pas cette facilité. Enfin pour faire ce Canal, on n'aura, fi l'on veut, ni Montagnes à

percer, ni Chauffées confidérables à faire ;
le feul afpect des lieux le démontre clairement. On n'eut pas le même avantage
en conftruifant le Canal du Languedoc.
Mr. de Baville dit à ce fujet : (*a*) *Il y eut*
trois grandes difficultez à vaincre dans l'exé-
cution du Canal. La premiere, l'inegalité du
Terrain. La feconde, les Montagnes qui fe
rencontrent fur la route ; & la troifiéme, les
Rivieres & les Torrens qui venant à tra-
vers ce Canal, en auroient interrompu le cours.
On remedia à l'inégalité du Terrain par les
Eclufes. . . . . Quant aux Montagnes, on
les a entr'ouvertes ou percées : La plus confi-
dérable eft celle de Malpas. . . On a pour-
vû à l'incommodité des Rivieres & des Tor-
rens par le moyen des Ponts & des Aque-
ducs, fur lefquels on a fait paffer le Canal,
& les Rivieres ou Torrens paffent par-deffous.

SOLUTION
de la troifiéme Difficulté.

Il eft facile de démontrer que la pente du Terrain eft fuffifante, en prouvant.
Que les Eaux de la Durence prifes à

(*a*) Pag. 322. de fes Mémoires.

Mirabeau, font plus hautes que l'endroit du Terroir d'Alain où le Canal paſſera, & où l'on établiroit le Baſſin de partage, ſi celui de Navigation étoit préferé.

Que ce Baſſin, ou ſol du lit du Canal, ſeroit plus haut que le Rhône & que la Ville de Taraſcon, & plus élevé auſſi que les Villes d'Aix & de Marſeille.

La premiere preuve ſe conclud de l'exiſtence du Canal de Craponne, qui eſt dérivé de la Durence près de Silvacane, endroit beaucoup inferieur au Bac de Mirabeau, & plus bas de 26. Toiſes, ſuivant le Nivelement de Mr. Colombi ; cependant les Eaux de ce Canal ne laiſſent pas de couler avec beaucoup de pente ſur le même Terroir d'Alain où le nôtre ſeroit dirigé. Le Canal de Craponne, qui coule dans la Plaine de ce Terroir, nous en laiſſe la partie ſuperieure en pente, pour y aſſeoir nôtre Canal à telle hauteur que nous voudrons (ainſi que je l'ai établi ci-devant) d'où il s'enſuit que ſi le Canal de Craponne ne manque pas de pente dans le Terroir d'Alain, quoique pris à 26. Toiſes plus bas que le lit de la Durence à *Cante-Perdrix*, le Canal dont il s'agit ne ſçauroit non plus manquer de pente en cet endroit, puifqu'en fupofant qu'il fût mené avec la même inclinaifon que l'autre depuis la prife jufqu'à ce Terroir, il y arriveroit beaucoup plus haut, & par confequent au point néceffaire pour être continué par la route que je lui ai indiquée.

On prouve que l'emplacement de ce Baffin, ou le fol du lit du Canal, feront plus hauts que le Rhône & que la Ville de Tarafcon, en pofant un fait inconteftable.

L'endroit du Terroir d'Alain où pafferoit le Canal, & où l'on pourroit établir le Baffin de partage, a au-deffus de 30. Toifes de hauteur perpendiculaire plus que le lit de la Durence vis à vis ce même Terroir. Les Eaux de cette Riviere, quoique fi fort au-deffous de celles du Canal, vont cependant avec rapidité fe jetter dans le Rhône à deux ou trois lieuës au-deffus de Tarafcon; celles du Canal auroient d'autant plus de pente & de viteffe (fi on ne la ménageoit pas) qu'elles partiroient de plus de 30. Toifes plus haut, & qu'elles devroient arriver plus bas : Ainfi, fi cette Branche devoit pécher du côté de la pente, ce feroit d'en avoir trop. De forte que

fi le Terroir de Tarafcon, ou de tel autre endroit où devroit être l'embouchure
du Canal, fe trouvoit plus bas que les
Eaux du Rhône en certain tems, il feroit facile de foûtenir le Canal fur des
Chauffées pour en faciliter le dégorgement
dans ce Fleuve.

Pour prouver maintenant que le fol du
lit du Canal, ou fon Baffin de partage à
Alain, feroit plus élevé que les Villes d'Aix
& de Marfeille, comme nous n'avons ni
Riviere ni Canal pour établir cette preuve, il faut avoir récours à un Nivelement
exact, & le fuivre depuis la prife des Eaux
de la Durence.

Ce Nivelement fut fait en 1557. par
Adam de Craponne, Auteur du Canal qui
porte fon nom; il trouva plus de 16. cannes (a) de pente depuis les Eaux de la
Durence à *Cante-Perdrix*, jufqu'à la Porte
des Auguftins de la Ville d'Aix.

Les Srs. Colombi, Defmarets & Lom-
bard firent ce même Nivelement en 1645.
Ils trouverent la pente plus que fuffifante pour conduire les Eaux de la Durence
à Aix. J'ai fçû que le Cours de cette Ville

______

(a) *Nota*. 49. Cannes, méfure d'Aix, valent 50. Toifes

fut commencé en 1646. & qu'on le fit à l'occasion du Canal qu'on avoit projetté de faire passer dans la grande Allée, pour le jetter dans la petite Riviere de l'Arc: M. Michel Mazarin, Archevêque d'Aix, & Mrs. les Procureurs du Pays, étoient les principaux Moteurs de cette entreprise. Le Voyage de ce Prélat à Rome, où il mourut, & les calamitez publiques qui survinrent immédiatement, suspendirent ce beau projet.

En 1663. le Sr. Colombi, ensuite des Lettres Patentes de Commission de Loüis XIV. fit encore ce Nivelement : Il détermine les longueurs, confirme celui de Mr. de Craponne, & contient un état de la dépense. On ne pensoit pas alors de pousser le Canal jusqu'à Marseille ; peut-être n'a-voit-on point encore découvert de route : Je n'ai trouvé qu'en 1733. après beaucoup de soins & de recherches, celle que j'ai ci-devant déterminée.

Autre Nivelement en 1702. par Mr. le Comte de Perlade. Il projetta la prise du Canal beaucoup au-dessous de *Cante-Perdrix*, & trouva cependant de la pente de reste jusqu'à Aix.

Tous ces Nivelemens dirigent la route du Canal bien loin de la fatale Montagne du *Jas-Blanc* ; & le faifant paffer par le Terroir d'Alain, trouvent la pente plus que fuffifante jufqu'à Aix. J'ai auffi fait ce Nivelement plus d'une fois, & avec differentes perfonnes : Nos Operations déterminent le Niveau des Eaux de la Durence dérivées de *Cante-Perdrix*, entre l'Hôpital St. Jacques & la Porte Nôtre-Dame de la Ville d'Aix ; & loin d'avoir rencontré le *Jas-Blanc* fur mon chemin, fi j'ai voulu connoître cette Montagne, il a fallu m'y faire conduire par gens du Pays.

Voici enfin une preuve de comparaifon qui eft fans réplique. Les Romains avoient autre fois fous Marius fait conduire les Eaux du Terroir de Jouques à Aix : Elles arrivoient derriere la Chapelle de St. Eutrope, fuivant Mr. Pitton, Hiftorien de cette Ville, (*a*) qui affure qu'on voyoit des reftes de cet Aqueduc à peu de diftance de cette Chapelle ; c'eft à dire, de 10. à 12. Toifes au-deffus du Niveau de l'Hôpital St Jacques, & plus de 25. Toifes au-deffus du Niveau du bas du

(*a*) Pages 54. 673. & 674.

Cours. On trouve de ces reſtes en deux autres endroits du Terroir de cette Ville, & plus encore dans les Terroirs de Jouques, Peirolles, Meirargues & ailleurs, & l'on en voit en aſſez bon etat de pluſieurs centaines de Toiſes de longueur. On doit être ſurpris qu'un Ouvrage ſi néceſſaire ait pû etre ſi négligé.

Si le Canal projetté avoit ſa ſource à la même hauteur que celui de Jouques, & qu'on lui donnât la même pente, il porteroit ſes Eaux comme celui-là beaucoup au-deſſus de la Ville d'Aix: Mais la Durence étant à *Cante-Perdrix*, environ 20. Toiſes au-deſſous du Niveau du Canal des Romains, les Eaux n'arriveroient à Aix qu environ 20. Toiſes au-deſſous du Niveau de cet ancien Aqueduc ; c'eſt-à-dire, plus haut que le Cours de cette Ville ; mais comme nôtre Canal pourroit être mené avec beaucoup moins de pente, il porteroit ſes Eaux d'autant plus haut, que cette pente ſeroit moindre ; ainſi elles arriveroient toûjours à la Ville d'Aix; ce qui ſuffit ſans doute. Tout cela prouve que les Operations qui determinent le Niveau des Eaux de la Durence aux environs de l'Hôpital St. Jacques au-deſſus de cette Ville, ne ſçauroient être que juſtes & certaines. On ne peut en pareil cas donner des démonſtrations plus claires & mieux fondées.

Les Eaux de la Durence pouvant être portées à la Ville d'Aix, comme on vient de le voir, elles pourront encore plus facilement être portées à celle de Marſeille, puiſque cette derniere eſt plus baſſe qu'Aix d'environ 100. Toiſes ; ce qui ne demande point de démonſtration, mais la ſeule & ſimple réflexion, que la Ville d'Aix eſt fort élevée au-deſſus du Niveau de la Riviere de l'Arc, & que cette petite Riviere coule avec beaucoup de pente & de rapidité depuis Aix juſqu'à l'Etang de Berre ; cet Etang communique avec la Mer ; Or la Mer de Marſeille, celle de St. Chamas au voiſinage de Berre, étant en parfait Niveau, ce qui ne ſe peut autrement, puiſqu'elles ne font qu'une même ſurface liquide, il ſera donc facile de pouſſer le Canal juſqu'à Marſeille.

Ainſi toutes les Objections contre la poſſibilité du Canal, tombent & s'éva-

noüiſſent. On a vû que la Montagne du
Jas-Blanc n'eſt pas ſur ſa route, elle en
eſt même fort éloignée, & s'en trouve ſé-
parée par une partie du Terroir de Rognes,
de celui d'Arnajon, & par une groſſe Montagne. Ce qui peut avoir dirigé de ce côté-
là les Operations de la perſonne chargée
de cet examen en 1724. c'eſt vraiſem-
blablement les reſtes de deux Aqueducs
des Romains, celui de Marius ou de Jouques, & un autre qui portoit les Eaux du
Terroir de Rognes à celui d'Aix. La Montagne du *Jas-Blanc* eſt entre ces deux mo-
numens, que l'on croiroit avoir été joints
& n'avoir fait qu'un même Aqueduc, ſi
l'on n'y remarquoit que celui qui eſt en-
delà du *Jas Blanc*, eſt plus bas & plus grand
que celui qui eſt en deçà, & qui devroit
au contraire être lui-même & plus bas &
plus grand, ou d'égale Hauteur & capacité au moins, puiſqu'il auroit dû contenir & les Eaux de Rognes qu'il auroit ame-
nées, & celles de Jouques qu'il auroit dû
recevoir. Enfin ſupoſons pour un moment
que cette fatale Montagne (qui arrêta en
1724. les deſſeins de la Province, alors
déterminée à faire le Canal par elle-même)
fût

fût précisément fur la route du Canal , elle ne feroit pas un obstacle ; on la côtoyeroit de la même façon que l'on contournera celles de Silvacane , des Taillades & autres ; mais il ne viendroit jamais dans la penfée de la percer ou entr'ouvrir non plus que les autres . parce que ce feroit tenter l'impoffible. Ainfi profitons fimplement de l'ineftimable découverte de Mr. Colombi : Elle nous offre un paffage fûr & commode par le Valon de Vautubiere , qui eft une ouverture très-vafte que la nature a pratiqué à travers les Montagnes qui féparent la Durence de la Ville d'Aix.

SECONDE PARTIE.

CONTENANT

la démonftration des avantages des deux Canaux propofez, & particulierement de celui d'Arrofage , leur dépenfe & leur produit.

LES Souverains, leurs Miniftres & les Provinces font naturellement portez à favorifer les entreprifes des Canaux, par

la gloire & les avantages qui en résul-
tent : Il ne suffit pas cependant qu'un projet de Canal soit beau , & que l'exécution en soit facile ; il doit encore être vé-
ritablement avantageux , & ses avantages
doivent être d'autant plus réels , que presque tout ce qui a été exécuté en ce gen-
re jusqu'à présent , n'a pû indemniser les
Actionnaires ; ainsi l'exemple du passé demande les plus solides précautions.

Les obligations qu'il me reste à remplir , me soûmettent donc à faire toucher
au doigt le profit que mon projet doit ra-
porter. J'espere d'y réussir , sans autre art
que celui de dire la vérité , & de l'a-
puyer sur des faits , plûtôt que sur des rai-
sonnemens ou sur des conjectures.

Si je n'ai pas d'abord proposé ce Canal comme devant être fait aux frais du
Roy ou du Pays, c'est qu'indépendamment
des avantages généraux qu'il procurera ,
il en restera encore pour enrichir la Compagnie qui en fera la dépense.

AVANTAGES
pour le Roy.

Sa Majesté retireroit de l'exécution de

ce projet, l'avantage de peupler, embélir
& fertilifer une de fes plus belles Provinces, d'en augmenter confidérablement le
Commerce, & d'y pouvoir entretenir des
Troupes, même de la Cavalerie.

Les Bois de Haute Futaye qu'on peut
tirer des Forêts de la haute Provence &
du Dauphiné, pour la conftruction des
Vaiffeaux, des Galeres & des autres Bâtimens du Roy, feroient rendus à droi-
ture & à peu de frais à Marfeille.

Le Roy joüiroit d'un rabais confidérable fur le prix actuel du Bail de l'entreprife ou manutention des Vivres des Galeres, parce qu'il ne faudroit plus avoir
égard à la néceffité où fe trouve annuellement l'Adjudicataire ou Entrepreneur d'envoyer moudre le Blé à plufieurs lieuës loin
pendant une partie de l'année ; les Eaux
du Canal fairoient mouvoir aux Portes de
Marfeille, non-feulement un nombre fuffi-
fant de Moulins à Blé & à Poudre, mais
encore toute forte de Martinets, Scies à
Eau & autres Machines & Engins pour
forger des Ancres, & généralement toutes les groffes & petites Piéces de Ferru-
re deftinées à la conftruction des Bâtimens

de Terre & de Mer, pour préparer les Métaux & pour scier les Bois. Outre la quantité de Legumes qui seroit portée à Marseille par le Canal, les Arrosages en produiroient encore abondamment pour l'Avituaillement des Vaisseaux & des Galeres. Ces mêmes Arrosages multiplieroient les Cheneviers, & occasionneroient l'abondance & le meilleur marché des Chanvres pour la fabrique des Toiles à Voile, & pour les Corderies des Arcenaux de Marseille & de Toulon. Les Draperies de la Manufacture Royale de cette premiere Ville pourroient être foulées dans le Parc même, si l'on vouloit y conduire un petit Canal pour un Paroir ou Foulon, dont l'Eau seroit très-propre pour la teinture, pour laver les Etoffes teintes, & même pour boire.

Le Canal de Provence une fois exécuté, on pourroit plus facilement qu'aujourd'hui construire sur la Durence un Pont, qui seroit très-nécessaire pour la liberté du Commerce, & pour le passage des Courriers, sur tout en tems de Guerre, où des ordres pressans peuvent être retardez par les débordemens de cette Riviere.

Si l'on faifoit la jonction de ce Canal avec le Rhône, les Coches d'Eau iroient facilement jufqu'à Marfeille. Les Bois de Bourgogne & toute forte d'Effets & de Marchand fes éviteroient les périls du Golfe de Lyon. La Foire de Beaucaire ne feroit plus interrompuë par le retardement des Tartannes & autres Bâtimens. Les Fermiers Géneraux de Sa Majefté pourroient faire des épargnes confidérables fur le tranfport des Sels, & fur la Machine pour hâcher le Tabac, en la mettant en mouvement par les Eaux du Canal. Enfin fi le Canal tant de fois propofé en Bourgogne avoit lieu dans la fuite, fupofé qu'il foit poffible & avantageux, joignant la Riviere d'Yonne avec la Saonne, il joindroit Paris Lyon & Marfeille par Eau; & fi l'on achevoit celui de Picardie, prefque tout le Royaume communiqueroit par Canaux.

A V A N T A G E S
pour la Province.

Les biens fans nombre que le Canal procurera à cette Province, font généralement connus & fouhaitez : Ils l'ont été de tout tems. Ce magnifique Ouvrage mérita l'attention de Loüis XIV. Les Lettres Patentes que ce Grand Prince fit expedier au Sieur Colombi pour en faire le Nivelement, en prouvent la nécessité. Ce point historique du Canal nous est apris par le Sr. Bouche, Historien de cette Province (a) Voici ses paroles & les termes des Lettres Patentes, que ceux qui n'ont pas lû mon Mémoire de l'année derniere seront peut-être bien-aises de trouver ici.

" L'année suivante 1628. comme l'on
" parloit fort de faire venir à la Ville d'Aix
" un Canal de la Riviere de Durence,
" ou de celle de Verdon, suivant le pro-
" jet qu'autre fois Adam de Craponne
" (qui 70. ans auparavant ; sçavoir, l'an
" 1557. en avoit fait passer un autre au
" Terroir de la Crau) en avoit dressé, le
" le très-curieux & obligeant Sr. de Pei-
" resc, Conseiller au Parlement, écrivit
" en Hollande pour faire venir en Pro-
" vence quelque sçavant homme qui s'en-
" tendit bien à la conduite des Eaux, &
" aux Ouvrages de ces Canaux: mais la
" maladie Contagieuse survenant là-des-

(a) Tom. 2. Pag. 872.

fus en Provence, fuivie incontinent des "
troubles dits *Cafcaveoux*, ce pour-par- "
ler, & ces réfolutions n'eurent aucun "
effet. Néanmoins le même deffein s'eft "
renouvellé de nos jours ; & pendant que "
cet Ouvrage étoit fous la Preffe, une "
Commiffion de la part du Roy a été a- "
dreffée au Sr. Colombi de la Ville d'Aix, "
Avocat en Parlement, pour faire le ra- "
port de la poffibilité de l'Ouvrage. J'ai "
trouvé à propos d'inferer ici le fommaire "
de la Commiffion, pour faire voir l'im- "
portance de l'œuvre, & combien elle fe- "
roit utile à l'avantage de la Province, "
& principalement de la Ville d'Aix. "

Loüis, par la grace de Dieu, Roy de France
& de Navarre, &c. au Sr. Colombi, Salut.
Ayant confideré au dernier voyage que Nous
avons fait en nôtre Pays de Provence, que nô-
tre Ville d'Aix, qui eft la Capitale de la
Province, pourroit être mife au rang des plus
belles Villes de nôtre Royaume, fi elle avoit
une Riviere ou une communication avec la
Mer par quelque Canal, par lequel on pût
y aporter les chofes qui y manquent, & re-
medier auffi aux féchereffes qui furviennent
prefque tous les Etez au Terroir de ladite

Ville & aux Lieux circonvoisins, lesquelles cau-
sent l'infertilité des Campagnes, la mortalité
des Arbres, la perte des Récoltes, la cessa-
tion des Moulins, & autres grands inconveniens, outre que toutes les Foréts d'alentour
ayant été defrichées, on a peine d'avoir du
Bois pour l'usage de ladite Ville; à toutes lesquelles incommoditez il seroit remedié, dérivant un Canal de la Riviere de Durence,
qui pût venir jusques à nôtredite Ville d'Aix,
pour de là se jetter dans nôtre Etang de Berre,
& avoir communication avec nos Mers & autres de nos Voisins : Lequel Canal étant fait
d'une largeur & profondeur suffisante pour la
Navigation, pourroit fournir de l'Eau pour tous
les Arrosages nécessaires, avec lesquels il seroit facile d'elever quantité d'Arbres pour avoir
du Bois Taillis, & supleer au defaut des Bois
desdites Foréts; même servir pour en récouvrer
des Lieux éloignez, & causer d'autres biens
& commoditez inombrables à nôtreditte Ville :
Et comme avant que de déliberer sur une si
grande entreprise, ayant vû la situation mon-
tueuse & inégale de nôtredit Pays, Nous dé-
sirons être pleinement informez de la possibilité de l'Ouvrage & alignement dudit Canal, & que Nous avons eté assurez qu'il n'y

avoit personne qui pût mieux que vous, voir ce qui s'y pourroit faire, vû la suffisance & connoissance que vous vous êtes acquise, &c, A ces causes & autres, à ce Nous mouvant, Nous vous avons commis & députe, &c. pour faire le Nivelage & Alignement dudit Canal, le tracer de telle etenduë & largeur que vous aviserez, & faire un Dévis de tout ce qu'il y aura à faire pour la perfection dudit Canal ; lequel Dévis vous remettrez apres à nôtre très-cher & bien amé Cousin le Duc de Mercœur, Gouverneur & nôtre Lieutenant Général audit Pays, pour le Nous envoyer. De ce faire vous avons donné & donnons pouvoir & mandement special. Ordonnons pour cet effet, & enjoignons très-expressément à tous Gentilshommes, Chapitres, Communautez, &c. de ne donner aucun trouble ni empêchement audit Sr. Colombi, mais au contraire toute faveur, assistance, &c. Car tel est nôtre plaisir : En témoin dequoi Nous avons fait mettre nôtre Scel à cesdites Présentes. Donné à Paris le 2. Octobre, l'an de grace 1662. & de nôtre Regne le vingtiéme. Signé, LOUIS. Et plus bas, DELOMENIE. Enregis- " trées ès Regîstres du Parlement, des Ar- " chives du Roy, & du Bureau des Finances. "

« En vertu de cette Commiſſion le mê-
« me Sr. Colombi s'eſt porté ſur les lieux,
« & a viſité tous les endroits, pour plus
« commodément & utilement prendre le
« Canal de cette Riviere ſuivant les or-
« dres de la Commiſſion ; & après beau-
« coup d'incommoditez & de peines, il
« a fait ſon Dévis ſur la poſſibilité & exé-
« cution de l'Ouvrage ; Dévis qu'il a re-
« mis le mois de Septembre de l'année
« ſuivante 1663. au Duc de Mercœur,
« Gouverneur & Lieutenant de Roy en
« cette Province, qui l'a envoyé en Cour
« à Sa Majeſté. Le tems nous fera voir
« ce qu'il en faut eſperer.

Les tems qui ſurvinrent, au dire du même Hiſtorien, furent des tems de Contagion, de Guerre générale & inteſtine,
& ſur tout d'opoſitions ſecrettes de la part
de ceux qui ont crû juſqu'ici que ce Canal pourroit nuire à leur interêt particulier, erreur dont ils reviendront par la lec-
ture de ce Traité ; car il eſt ſur que le Canal ne ſçauroit nuire à perſonne, ſans lui
preſenter un dédommagement beaucoup
au-deſſus de la perte, tant pour eux que
pour leur poſterité.

43

Mrs. le Baron d'Hugues, Saurin, Gar-
sonnet & Alpheran, Procureurs du Pays
en 1724 etoient si pénetrez des avantages dont la Province se prévaudroit par
la construction de ce Canal, que rendant
compte à M. le Duc, & se plaignant de la
rencontre chimerique (mais qu'ils croyoient
réelle du *Jas-Blanc*) disent dans leur Lettre à ce Prince, imprimee le 11. Septembre 1724. *Voilà, Monseigneur, l'idée preci-*
se de l'etat des choses. Ce n'est qu'avec dou-
leur que nous le retraçons à V. A. S. qui
avoit bien voulu se porter à nous procurer un
bien qui nous avoit paru, comme à nos Pe-
res, le plus grand & le plus solide que l'on
pût faire, & à une partie considérable de nô-
tre Province, qui souffre si fort par les sé-
cheresses & par les ardeurs désolantes du So-
leil, & à deux grandes Villes, sur tout à
celle d'Aix, à qui le Canal étoit devenu un
remede nécessaire, pour se tirer de l'accable-
ment où elle est, &c.

Mrs. Lebret, Pere & Fils, ci-devant &
successivement Premiers Présidens & Intendans de Provence, ont aprouvé le Canal
sous divers Consulats; & leurs Avis envoyez
à la Cour étant des plus favorables, ce

projet eût aparemment réüffi, fans les inconveniens connus de toute la Province.

En 1734. Mrs. le Marquis de Rognes, d'Albert, de Malignon & Berne, étant Procureurs du Pays, mon projet fut examiné de bien près. Ces Mrs. dont les lumieres fuffifoient fans doute pour cet examen, voulurent par un trait de prudence dont on ne peut que les loüer, prendre encore, pour l'interêt de la Province, l'avis de deux celebres Jurifconfultes. (a) Il y eut à cette occafion diverfes conférences & une Affemblée particuliere de la Province dans le mois d'Octobre, dont le réfultat fut une aprobation générale & unanime, enfuite de laquelle Mrs. les Procureurs du pays écrivirent à M. Orry, Controlleur Général, en lui adreffant un de mes Mémoires avec leur aprobation au bas, & voulurent bien me permettre de joindre fous le même pli la Lettre & le Mémoire que je pris la liberté d'adreffer à ce Miniftre. Ces traits feront toûjours bien glorieux pour mon projet, & bien flateurs pour moi, de même que le témoignage avantageux que Mrs. le Mar-.

(a) Mrs. Saurin & Pazery de Thorame.

45

quis de Roquefort, Canceris, de Felix &
Perraut, procureurs du pays en 1737. ren-
dirent à ce même projet en réponse des
Objections d'un Critique Anonime. Voici
comme ces Mrs. s'expliquerent. *L'objet de
cette entreprise est de faciliter le transport
des Bois de Bourgogne pour la construction des
Vaisseaux & des Galeres du Roy, & d'un
nombre infini de Marchandises, par la communication du Rhône à la Mer de Marseille,
sans passer par le Golfe de Lyon; de procurer
l'abondance des Chanvres, si nécessaires pour
les Cordages de la Marine, & des Légumes
pour l'Avituaillement des Galeres & pour le
Public; comme aussi toute sorte de Denrées,
Bois & Fruits de la Montagne pour les Villes d'Aix & de Marseille; finalement de distribuer dans son cours des Eaux pour les Arrosages, les Moulins & Engins, & de les terminer pour l'embelissement & l'utilité des Bastides, & pour les décorations des mêmes Villes.
Cette idée présente des avantages si considérables, que l'on ne peut que désirer que cette
entreprise soit possible, &c.*

Or cette possibilité ayant été démon-
trée, les avantages en étant une fois cons-
tatez, on ne doit pas craindre que ce pro-

jet ne réüssisse, & ne soit goûté dans tout le Royaume, & particulierement en Provence, pays chaud & aride, puisqu'il est question d'y porter des Eaux pour le rendre fertile.

Après ce qu'on vient de voir des avantages que procureroit à cette province l'exécution du Canal, je pourrois me dispenser d'entrer dans un plus grand détail : J'ajoûterai cependant que presque toute la province en retirera un avantage réel, quoiqu'il n'en doive arroser qu'une partie. La seule augmentation des Bestiaux qui se répandront, & qu'on élevera dans les Cantons arrosez, fera valoir toutes les Foires de la province. Les Communautez qui seront voisines des lieux arrosez, auront à leur portée des Fourrages qu'elles pourront acheter & faire consumer pour améliorer leurs Fonds ; & celles qui en sont éloignées, se ressentiront en plusieurs manieres de cette abondance. L'augmentation des Habitans survient nécessairement dans un pays arrosé ; ce sont ces nouveaux Habitans qui cultivent & qui défrichent des Terres auparavant incultes ou abandonnées ; ils contribuent par consequent aux charges, & soulagent d'autant le reste de la province.

La quantité de Martinets, Scies à Eau, papeteries, Moulins à Soye, Taneries, paroirs & autres Machines ou Engins de toute espece, que l'on pourra construire sur le Canal depuis sa source jusqu'à la Mer, donneront de l'ouvrage & du profit à une infinité de personnes : On ne doit pas craindre la disette des matieres, ni le défaut de consommation des choses fabriquées.

La Dîme, les Tasques & autres droits des Seigneurs Spirituels & Temporels, en seront considérablement augmentez. La province pourra trouver, dans l'introduction de la plantation du Ris, l'abondance d'une nouvelle Denrée également bonne, & à l'usage du Riche comme du pauvre ; & la plus-valuë des Terres arrosées compensera non-seulement la diminution de celles que le Canal occupera, & qui seront exemptes de toutes charges, mais donnera un bénéfice beaucoup plus grand, que le dommage qui en pourra provenir.

Les sommes que la construction du Canal versera, se répandront dans toute la

province, & les Ouvriers qu'elle attirera, feront le fondement de l'augmentation
des Habitans.

PONT SUR LA DURENCE, & fixation de cette Riviere.

Après que le Canal fera fini, & dans
les premiers tems de féchereffe, l'on pourra conftruire fur la Durence le pont dont
il a été parlé, & tenter de fixer le cours
de cette inconftante Riviere. par cette derniere entreprife, dont le Canal feroit en
quelque façon la baze, on fairoit tant de
biens, & on éviteroit tant de maux, qu'on
ne peut que fouhaiter qu'elle fût auffi aifée & auffi pratiquable que celle du Canal;
mais s'il y a de grandes difficultez, les
avantages qui en réfulteroient étant infi-
nis, ce feroit toûjours beaucoup d'y réüf-
fir en partie. J'ai fait à ce fujet plufieurs
obfervations : Je rendis compte de quel-
ques-unes à Mrs. le Marquis de Rognes
& d'Albert, procureurs du pays en 1734.
lorfqu'ils prirent la peine d'aller avec moy
fur les lieux pour examiner l'endroit le plus
convenable pour la conftruction du pont.

Je

Je pourrois devenir ennuyeux par un plus long détail des avantages qui naîtront du Canal. Il n'eſt perſonne qui ne les aperçoive, qui n'en ſoit & qui n'en ait été pénetré. La Province s'en eſt expliquée par des bouches trop reſpectables, pour qu'il en puiſſe reſter le moindre doute. Les plus grands hommes ont repréſenté ce projet ſous le plus beau point de vûë. Il a toûjours été aprouvé par Mrs. les Intendans, & déſiré par Mrs. les Procureurs du Pays. Nos Rois, leurs Miniſtres, nos Gouverneurs, nos Prélats, les Vauban, &c. toutes les puiſſances en un mot, & les plus beaux génies, ont voulu y concourir.

QUARTIERS DE MARSEILLE
Arroſables.

On dériveroit de ce Canal pluſieurs petits Canaux pour les Arroſages & pour la décoration des Terroirs, Villes & Villages qui feront ſur ſon cours. Preſque tous les Quartiers du vaſte, quoiqu'inégal, Terroir de Marſeille, pourront en recevoir les Eaux, puiſque la Durence à *Cante-Perdix* eſt environ cent Toiſes au-deſſus du Niveau de

D

la Mer , & beaucoup au-deſſus du Niveau de la *Viſta*. Les Communautez qui
ſont ſur le cours de *l'Uveaune* , auront alors
la faculté d'uſer de cette petite Riviere,
& ne ſeront pas obligez de la laiſſer couler , pour aller dans les tems de ſéchereſſe
faire quelque Farine à Marſeille , & fournir à peine aux Fontaines de cette grande
Ville , qui pourront être nourries abondamment & à moins de frais par les Eaux
du Canal ; & ſi ces Eaux ſe trouvoient
propres pour la fabrication des Savons façon d'Alicant , qu'on a tenté de fabriquer
à Marſeille ſans pouvoir atteindre au point
de perfection qu'il doit avoir pour dé-
graiſſer les Draps d'Abbeville , ce ſeroit
un avantage conſidérable. Les Eaux de
l'Uveaune ne ſont pas propres pour la teinture ni pour fouler les Draperies , & il
a été expérimenté que celles de la Durence ſont bonnes pour ces uſages.

ENDROITS DU TERROIR D'AIX
Arroſables.

Au Terroir d'Aix, les Eaux du Canal
pourront être portées dans tous les endroits

qui se trouvent inferieurs au haut de la Ville, à la Bastide du Sr. Roche, à celle du Sr. Roman, ainsi du reste, soit en deçà ou en delà de l'Arc, & soit qu'ils se trouvent situez près ou loin du Canal.

PLUSIEURS COMMUNAUTEZ
Arrosables.

Les Villes & Terroirs du Martigues, Berre, la Fare, Velaux, Rognac & Marignane, recevront ces mêmes Eaux dérivées dans les Terroirs de Ventabrén & d'Eguilles. Une infinité d'autres Bourgs & Villages auront la même faculté par le moyen des petits Canaux, quoique non-compris dans la description du cours du Canal, ne se trouvant pas directement sur sa route ; l'éloignement n'est pas un obstacle : Il leur suffit d'être situez plus bas. Si le Canal de Navigation n'avoit pas lieu, & que celui de Nove ou de Tarascon, tout facile qu'il sera, fût trop differé, on pourroit par le moyen de celui que je propose, arroser une partie des Plaines immenses de St. Remi, Tarascon, Arles & autres Lieux, en dérivant avec peu de dépenſe, du Terroir d'Alain ou de ſes environs, un ou pluſieurs petits Canaux d'Arroſage. Ainſi le grand Canal ne meriteroit d'être préferé à celui d'Arroſage & de Flotaiſon en deſcendant, que parce qu'il ſerviroit pour la Navigation en remontant, & qu'il fairoit la jonction du Rhône avec les Villes d'Aix & de Marſeille.

Les avantages de l'un & de l'autre Canal ſont d'autant plus réels, qu'il n'en doit rien coûter au Roy ni à la Province pour ſe les procurer, & que les perſonnes qui fourniront aux frais de la conſtruction, y trouveront en même-tems un profit très-conſidérable, & tout autre qu'on ne ſe propoſe ordinairement en pareilles entrepriſes. C'eſt ce que je vai examiner en abregé à l'égard du Canal de Navigation, & dans tout le détail néceſſaire à l'égard de celui d'Arroſage, pour lequel je dois me déterminer.

Après avoir démontré que ces Canaux ſont très poſſibles, & qu'il ſeroit avantageux au Roy & à cette Province que l'un d'eux eût ſon exécution, il s'agit de prouver que celui qui ſera préferé procurera encore un profit ſuffiſant à ceux qui en feront la dépenſe. La difficulté de cette preuve eſt la ſeule Objection qui paroiſſe aujourd'ui. On doit, pour la réſoudre, comparer les interêts de la dépenſe, avec le produit annuel.

Cette comparaiſon dans un détail ache-vé, fourniroit un Volume fatiguant; trop ſommaire, elle ne ſatisfairoit pas. Il faut donc éviter ces deux extrêmes ; c'eſt-à-dire, à l'égard du grand Canal , en donner à peu près l'idée : Mais à l'égard de celui d'Arroſage, comme il me paroît impoſſible qu'on ne le faſſe, il faudra entrer dans tout le détail néceſſaire pour prouver que ſon produit ou revenu annuel ſurpaſſera les interêts des ſommes qu'on débourſera pour le mettre en état de per-fection, Le calcul que je donnerai ne pour-ra faillir qu'à l'avantage des Intereſſez, par-ce que j'aurai ſoin d'exagerer la dépenſe, & de diminuer le produit, & je ne dirai rien ſur ſon ſujet, qui ne ſoit rélatif, & dont on ne puiſſe faire l'aplication au grand Canal, pour s'en former une idée plus juſte & mieux circonſtanciée que celle que je vais en donner.

ESTIMATION GENERALE
& abregée des Ouvrages à faire pour le grand Canal.

La foüille ou l'excavation de ce Canal feroit un des principaux articles de fa dépenfe ; pour la pouvoir évaluer, il faut déterminer les dimenfions du Canal.

Depuis le Roc de *Cante-Perdrix*, où feroit la prife des Eaux, jufqu'au Terroir d'Alain où feroit le point de partage, il y a, fuivant Mr. Colombi, environ 24000. Toifes ; c'eft-à-dire que la Branche nourrice & principale auroit cette longueur.

La largeur ci-devant déterminée de 8. à 10. Toifes d'ouverture fur 4. à 5. de bafe, peut donner une largeur moyenne de 40. pieds fix pouces, & fa profondeur ayant été fixée à 10. pieds, on trouve que les excavations à faire pour chaque Toife courante, compoferoient 11. Toifes cubes & un quart, & que le folide à enlever dans toute cette longueur, feroit de 270000. Toifes cubes.

La Branche de ce Canal depuis le Baffin de partage jufqu'à la Mer par la route prefcrite, auroit de longueur près de 40000.

Toiſes. Sa profondeur eſt fixée à 8. pieds ;
ſa largeur ſeroit de 7. à 8. Toiſes au
haut, & de 3. à 4 au bas ; ce qui pourroit donner une largeur moyenne de 5.
Toiſes 3 pieds ; c'eſt-à-dire qu'il ſaudroit
pour chaque Toiſe courante de Canal, excaver 7. Toiſes cubes & un tiers & pour
les 40000. Toiſes de longueur, faire une
excavation de 293333. Toiſes cubes.

L'autre Branche de ce même Canal qui
joindroit le Rhône au-deſſus de Taraſcon
avec le Baſſin de partage, ayant les mêmes dimenſions que la premiere Branche,
à l'exception de la longueur qui a été trouvée ſeulement de 22000. & quelques cens
Toiſes, & que je pouſſerai dans ce calcul juſqu'à 24000. Toiſes compoſe un ſolide à enlever pour l'excavation de cette
partie du Canal, de 176000. Toiſes cubes.

RECAPITULATION.

Excavation de la Bran-
che principale, ... 270000. T. c.
De la Branche pour Mar-
ſeille, ... 293333. T. c.
De celle pour Taraſcon, 176000. T. c.

TOTAL: . . . . . 739333. T. c.

On auroit donc pour toute l'excavation de ce Canal 739333. Toifes cubes, en fupofant que le creufement & les profondeurs fuffent précifement celles qui ont été ci-devant déterminées ; mais comme en divers endroits du Canal, & fur tout pendant une certaine longueur du côté de fa prife, & plus encore aux environs du plan de Campagne, il y auroit des excavations à faire au-delà de la profondeur fixée, elles augmenteroient d'autant le creufement total & ordinaire ci-devant trouvé.

Les diverfes petites hauteurs que le Canal feroit obligé de pénetrer dans fon cours, indépendamment des deux principales dont je viens de parler, & de quelques autres mediocres qui fe trouvent entre deux, font peu confidérables, puifqu'elles ne fçauroient compofer qu'environ 15000. Toifes cubes.

Les hauteurs dont j'ai parlé, & que l'on rencontrera en-deffous de la prife du Canal, à travers le plan de Campagne, fur le Chemin de Marfeille à St. Pons, peu éloigné de ce dernier endroit, & autres non-comprifes dans le précedent nombre, peuvent être fixées à environ 50000. T.c.

Il faut même pour cela fupofer ici, en

exagerant, que les élevations de ce Plan de Campagne & du Chemin de St. Pons, auroient une longueur de 1000. Toises sur la profondeur réduite d'environ 36. pieds, outre la profondeur ordinaire & une largeur moyenne de 6. à 7 Toises.

On pourroit, si l'on vouloit, diminuer considérablement cette profondeur du Plan de Campagne & du Chemin de St. Pons. Il n'y auroit pour cela qu'à ne donner que peu ou point de pente au Canal depuis la Durence jusqu'à ce Plan, qui est à peu près au Niveau des Eaux de cette Riviere, suivant trois Nivelemens faits par differentes personnes & en divers tems.

Depuis cet endroit du Plan de Campagne, supposé horisontal avec la prise du Canal, jusques au plus haut du Chemin de St. Pons, il y a de 7. à 8. Toises de montée, & une distance en partie oblique de 630. Toises; ainsi ce Chemin est le seul endroit du cours du Canal qui soit au-dessus du Niveau des Eaux de la Durence; il est aussi plus haut d'environ 63. pieds que le bas des Prez, qui sont à 430. Toises loin, & en-dessous des Bastides dites des Cayols de Septemes. J'ai dû donner ces longueurs & ces Nivelemens, afin que chacun pût facilement juger si la longueur de 1000 Toises sur laquelle j'ai calculé, est exagerée ou non, puisque je la prends pour la base d'un Triangle dont les côtez seroient les deux lignes penchantes de 630. & de 430. Toises.

Cette profondeur doit cependant être encore augmentée, par la raison que plus on creuseroit dans cet endroit, plus on épargneroit d'ailleurs pour la construction du Canal ; c'est-à-dire que (eu égard à tout ce qu'on doit observer en pareil cas) cent mille livres dépensées de plus en excavation au Plan de Campagne, à ce Chemin & au-dessous, épargneroient environ six fois autant à l'égard des autres Ouvrages du Canal , qui seroit ensuite d'autant plus facile à faire, moins coûteux & plus court, que son lit seroit plus enfoncé dans ces endroits, lesquels se trouvant d'ailleurs presque tout Rocher, l'on en peut facilement déterminer la dépense à l'avance , & y faire un Ouvrage très-solide.

Pour être en droit d'aprofondir le Canal autant qu'il sera nécessaire au Plan de Campagne & aux environs par les raisons déja alleguées, & pour ne faire d'erreur qu'à l'avantage des Interessez, j'augmenterai encore ce creusement de 40667. Toises: Ainsi l'on auroit pour excavation totale & exagerée, la quantité de 845000. Toises cubes.

RECAPITULATION.

Premier total de creusement, ... 739333. T. c.

Premiere augmentation, ... 15000. T. c.

Seconde, ... 50000. T. c.

Troisiéme, . . . 40667. T. c.

————————

TOTAL. . . . 845000. T. c.

————————

Ces 845000. Toises cubes doivent être diminuées, parce qu'une partie du Canal étant creusée & soûtenuë sur les penchans des Collines & des Montagnes, l'excavation en ces endroits seroit bien moins considérable que dans ceux en Plaine. Cette difference est précisément de la moitié, lorsque ces penchans forment un Angle de 45. dégrez avec la ligne qu'on peut imaginer traverser horisontalement la Base de

la Colline ou de la Montagne. Or comme nous avons remarqué que le tiers de
la longueur du Canal ou environ sera sur
des penchans que nous supoferons à peu
près femblables, il faudra deduire la moitié du tiers, ou, ce qui eft la même chofe, le fixiéme du creufement total & ordinaire, trouvé de 739333. Toifes cubes ;
c'eft à-dire, 123222. Toifes cubes, peu
plus ; lefquelles étant déduites des 845000.
ci-devant, reftera la quantité de 721778.
Toifes cubes.

Il y a encore une déduction à faire de
ce dernier nombre de Toifes, parce que
les deux tiers reftans de la longueur du
Canal étant dans des Plaines & dans des
Terrains peu ou médiocrement inclinez,
ou fur des penchans très-doux, les déblais
y formeroient une partie des bords du Canal, & l'excavation en feroit diminuée d'autant. On pourroit évaluer cette diminution à la troifiéme partie du total des deux
tiers de la longueur reftante ; je n'en ré-
tranche que le quart cependant ; & pour
cela féparant du total du creufement ordinaire, qui a été trouvé de 739333. Toifes cubes, les deux tiers, c'eft-à-dire,

492889, & prenant le quart de ce dernier nombre, qui fera de 123222. Toiſes cubes à déduire des 721778. ci-devant déterminées, il reſtera à excaver & à enlever pour la foüille & le creuſement du Canal & de ſes deux Branches, depuis ſa priſe juſqu'à ſes deux embouchures, la quantité de 598556. Toiſ. cub.

Par le dépoüillement des mémoires qui ont été pris pour déterminer la nature & la qualité de ces creuſemens, ayant égard à celui du Plan de Campagne, il a été trouvé qu'on auroit à faire dans le Roc environ la huitiéme partie de ces excavations; mais pour continuer de calculer à l'avantage des Fourniſſeurs, j'admettrai en Rocher le ſixiéme de toute l'excavation; & ſur cette hypotheſe, les creuſemens à faire dans le Roc compoſeroient 99759. Toiſes cubes un tiers; & à raiſon de 10. livres la Toiſe cube, coûteroient la ſomme de 997590 liv.

Il eſt aiſé de déterminer la dépenſe de tous les creuſemens à faire dans le Terrain. Ils doivent comprendre (ainſi que je viens de le dire) les cinq ſixiémes du creuſement total ; ſçavoir, 498796. Toises cubes deux tiers, dont le prix peut être réglé à 3. livres la Toise cube ; en multipliant ces deux nombres l'un par l'autre, on trouve au produit pour la valeur des creusemens dans le Terrain, la somme de 1496390. livres.

Pour soûtenir le Canal dans les endroits trop penchans, déterminez ci-devant à environ le tiers de sa longueur, il faudroit y construire des Murs d'épaulement & de soûtenement, auxquels donnant, pour ne rien mettre au hasard, une solidité d'une Toise & demi cube pour chaque Toise courante ; on trouvera que le solide de cette maçonnerie composeroit la quantité de 44000. Toises cubes, attendu que la longueur totale du Canal & de ses deux Branches ayant été trouvée de 88000. Toises, le tiers revient à 29333. auxquelles il faut ajoûter la moitié de ce nombre, puisque l'on doit compter une Toise & demi de maçonnerie pour chaque Toise de longueur, ce qui produit la quantité ci-dessus trouvée de 44000. Toises cubes, qui au prix de 30. liv. la Toise cube, coûteroient 1320000. liv.

Ce Canal devant être navigable en montant & en defcendant, on feroit obligé de conftruire des Eclufes aux endroits convenables, pour abforber la plus grande partie de la pente qu'il y a depuis la prife des Eaux dans la Durence d'un côté, & jufques à la Mer de l'autre. Il ne feroit pas néceffaire d abforber toute cette pente, ni de mener les Eaux du Canal en parfait Niveau, attendu que l'on puiferoit dans une Riviere très-abondante, que la Navigation ne feroit pas le principal objet de revenu, & qu un Canal deftiné pour arrofer des Pays chauds & arides, doit fournir & dépenfer continuellement la plus grande quantité d'Eau qu'il eft poffible, & avoir un mouvement & une vuidange fuffifante ; ce qui ne fe peut que par le moyen de l'inclinaifon & de la pente qu'on lui donne ; c'eft pourquoi fa Branche nourrice devroit avoir plus de pente que les deux autres, à proportion que les volumes d'Eau de celles-ci joints enfemble, feroient plus grands que le volume que donneroit la Branche depuis la Durence jufqu'au point de partage.

S'il eft vrai que la Navigation en remontant eft plus lente & plus penible fur un Canal qui a quelque pente, il n'eft pas a moins vrai qu'on la fait avec plus de facilité en defcendant ; ce qui fait une compenfation. Dailleurs le Pays & les Proprietaires du Canal feroient amplement dédommagez du retardement de la Navigation en remontant, par une plus grande quantité d'Eau, qui eft l'objet le plus important, comme on le verra lorfque je parlerai du Canal d'Arrofage, que je préfere à celui de Navigation, duquel je n'aurois pas même parlé, à caufe des grandes fommes qu'il doit coûter, fi je ne fçavois que le Public a quelque empreffement d'en avoir au moins une notion générale.

Ajoûtant à préfent aux 100. Toifes de pente ou environ, qui ont été trouvées depuis la Durence à *Cante-Perdrix*, jufqu'à la Mer celle qu'il y a encore depuis le Terroir d'Alain jufqu'au Rhône en deffus de Tarafcon, & rétranchant du produit la pente qu'il faudroit donner & diftribuer dans toute la longueur du Canal, par les raifons qu'on a vû, il en refteroit fuffifamment pour fournir à la chute d'environ 100. Eclufes.

La

La conſtruction de chacune de ces Ecluſes, par un calcul détaillé, coûteroit en
Provence la ſomme de 20000. liv. mais
pour ſuivre le plan d'exageration que je
me ſuis fait, je porterai cette eſtimation
à 25000. liv. & ſur ce pied les cent Ecluſes coûteroient 2500000. livres.

Il faudroit pour la Navigation conſtruire
ſur les deux bords du Canal, des Chemins de Tirage qui auroient (excepté ſur
les penchans des Montagnes) environ deux
Toiſes de largeur : Ils n'auroient beſoin
en général d'aucun Mur particulier d'é-
paulement; ceux que l'on feroit pour ſoûtenir le Canal ſur ces penchans, ſoûtien-
droient en même-tems ces Chemins.

Pour empêcher les Eaux Pluviales de
verſer dans le Canal, & d'y entraîner de
la Terre, du Gravier ou du Limon, on
feroit obligé de creuſer pendant près de
50000. Toiſes de longueur des Contre-
Foſſez, qui auroient en général environ
ſix pieds de largeur ſur quatre, cinq ou
ſix de profondeur.

Comme ce n'eſt ici qu'une eſtimation
générale, aprécions avec les deux Arti-
E

cles de dépense ci-dessus, celle qu'il faudroit faire pour les creusemens & autres Ouvrages à la prise du Canal.

Ce qu'il en coûteroit pour écarter la Riviere en dessous de cette prise, & garantir des cruës d'Eau les commencemens du Canal.

Pour la construction du Bassin de partage à Alain.

Pour les Ports du Canal qui seroient établis à Aix, à Marseille & à Tarascon.

Evaluons tous ces Ouvrages à la fois, & les portant à une somme suffisante, fixons-la par exemple à 600000. liv.

Suivant le Nivelement & le Dévis du Sr. Colombi, que je prends toûjours pour régle, il faudroit construire 28. Ponts depuis la prise du Canal à *Cante-Perdrix*, jusqu'au Terroir d'Alain. Il est sûr, & ceux qui ont vû les lieux peuvent juger que cette partie du Canal seroit la plus coupée par les Valons, les Ravins, les Ruisseaux & les Torrens. Elle a été trouvée de 24000. Toises de longueur. En suposant que la Branche du Canal qui joindroit Alain avec Aix & Marseille, eût à

peu près les mêmes difficultez proportion-
nellement à fa longueur, par raport au
nombre de Ponts qu'il faudroit faire, on
trouvera qu'il y en auroit 47.

Sur ce même principe, & dans la même fupofition, la Branche qui devroit com-
muniquer avec le Rhône, ayant la même
longueur que la premiere partie du Canal depuis la Durence jufqu'à Alain, on
peut à fon égard déterminer les Ponts à
conftruire au même nombre de 28. quoiqu'il foit évident qu'il en faudroit beaucoup moins, attendu qu'elle traverferoit
un beau Pays très uni & peu coupé.

Ainfi additionnant ces trois nombres de
Ponts à faire . on en trouvera 103. dans
tout le cours du Canal. pouffons ce nom-
jufqu'à 120. pour être plus que certains
d'y trouver non feulement les ponts qui
devroient faire paffer les Eaux des Ravins, Torrens & Ruiffeaux au-deffus ou
au deffous du Canal, mais encore ceux
qui devroient rejoindre les Chëmins publics qu'il couperoit.

Outre tous ces Ponts, il en faudroit encore une quarantaine de très-petits &

peu chers, pour recevoir les Eaux des Contre-Canaux, pour franchir quelques petits Ravins, ou pour d'autres usages.

N'oublions pas le grand Aqueduc à faire sur la Riviere de l'Arc près de la Saurine, un autre dans le Terroir de Valabres, & quelques médiocres en differens endroits.

A tout ce qu'il en coûteroit pour tous ces Ponts, Ponteaux & Aqueducs, ajoûtant la dépense des Chantiers & Magasins pour les Materiaux, pour les Maisons des Eclusiers, les Apointemens des personnes qu'il faudroit employer à la direction des Travaux, à l'inspection sur les Ouvriers, & à la valeur du Terrain qui seroit occupé par le Canal & par tous ses autres Ouvrages, on pourra porter cette estimation, que j'ai faite dans le détail, à la somme de 1200000. livres.

Je mets enfin pour les cas ou dépenses non prévûës, & pour les Articles omis, la somme de 886020. livres.

RECAPITULATION
de toute la depenſe du Canal de Navigation.

Creuſemens dans le
Roc, ... 997590. liv.
    Ceux dans le Terrain, 1496390. liv.
    Murs de Soûtenement, 1320000. liv.
    Ecluſes, ... 250000. liv.
    Priſes, Ports, &c. . . 600000. liv.
    Prix des Terres, Aque-
ducs, &c. . . . . . 1100000. liv.
    Pour les cas imprevûs
& Articles omis, . . . 886020. liv.

Somme totale. . . 9000000. liv.

PARALLELE DE CE CANAL
avec le Canal Royal de Languedoc.

On vient de voir que les Articles omis
& les cas imprévûs ont été portez à une
ſomme d'autant plus conſidérable, qu'elle
eſt ajoûtée à pluſieurs autres qui ſont exa-
gerées ; ainſi on ne doit pas être ſurpris
que la dépenſe totale du Canal ait été portée à neuf millions. Cette eſtimation ne
ſçauroit être contredite que pour être di-

minuée, & nullement pour être augmentée ; ce qui se démontre en comparant la
longueur de ce Canal, ses differens Ouvrages & la commodité de trouver presque tous les Materiaux sur la place, avec
l'étenduë du Canal Royal de Languedoc,
ses immenses Ouvrages, & la difficulté
d'avoir le Materiaux nécessaires pendant
une partie de son cours.

On peut en juger par la nature de l'un
& de l'autre Canal, en se rapellant ce
que j'ai dit de celui de Languedoc Pag. 5.
Mr. de Baville ajoûte à l'endroit cité : *Mr.*
Riquet se chargea de l'entreprise ; ce fut lui
qui en fut l'inventeur, l'Entrepreneur & le
seul Directeur ; & l'on peut dire qu'aidé par
ses talens naturels, plûtôt que par les régles
de l'Art, qu'il n'avoit jamais étudiées, il
trouva seul les expediens nécessaires pour sur-
monter les difficultez immenses qui s'y sont
rencontrées, &c. . . . . On a pratiqué à Nau-
roux, qui est le point de partage, un Bassin
de 200. Toises de longueur sur 150. de lar-
geur. Il y a en tout tems 7. pieds d'Eau :
C'est là où se fait la distribution des Eaux
par deux Ecluses, l'une du côté de l'Ocean,
& l'autre du côté de la Méditerranée. Pour

pouvoir remplir ce Baſſin de maniere qu'il ne tariſſe jamais, on a conſtruit le Reſervoir de St. Ferreol dans la Vallée de Landot : Il a 1200. Toiſes de longueur ſur 500. de largeur, & 10. de profondeur. Dans ſa ſuperficie il contient 114573. Toiſes ; & comme il eſt toûjours plein, il fournit en tout tems aſſez d'Eau au Baſſin de Nemoux par la Rigole de la Plaine dans laquelle tombe la Riviere de Landot . . . Il a fallu faire 22868. Toiſes de Rigoles, pour ramaſſer les Eaux. . . . Cet Ouvrage a coûté 13. millions, dont le Roy a donné 6692018. liv. La Province a fourni le reſte de la ſomme, dans laquelle eſt compriſe la dépenſe du Port de Cette, qui revient à 2. millions.

L'Auteur du Spectacle de la nature (a) parle auſſi du Canal de Languedoc, & dit entr'autres choſes: *Sur les Terrains qui vont en pente, l'Eau eſt reçûë dans de grandes Ecluſes, qui ſont de longs eſpaces de 24. à 30. pieds ou plus de large, bordez de deux hautes Murailles paralleles. . . . . A l'exception des grands Chemins de l'Empire, on ne trouve rien dans l'Antiquité qui éface cet Ouvrage. Le Canal depuis ſon embouchure dans*

(a) Tom. 3. Pag. 59. 60. 61. & 62.

le Port de Cette, jusqu'à Toulouse, a plus de 70. lieuës de longueur : Il a fallu souvent le couder & le courber pour gagner le Niveau, l'affermir sur des Pilotis dans des Terrains mouvans, l'apuyer sur des Ponts ou des Arches de Pierre dans les Vallées, escarper ou abattre certaines Montagnes, en percer d'autres & les vouter pour le recevoir. . . . On a excavé plus de deux millions de Toises cubes de Terre, & plus de 5000. de Rocher. On a construit 104. Ecluses (a) pour élever ou descendre les Barques, 16. énormes Chaussées pour repousser les Eaux incommodes, 24 Epanchoirs pour lâcher les Eaux du Canal quand on craint qu'il ne s'emplisse de Sable ou de Limon. On compte dans cet Ouvrage plus de 40. mille Toises de Maçonnerie, à quoi il faut ajoûter les Jettées de 200. Toises, & le Môle de 500. qui couvrent à présent le Port de Cette, &c.

Le Pere Mourgues (b) détermine la longueur de ce même Canal de Languedoc à 142266. *Toises & demi ; sa largeur, à environ* 10. *Toises sur* 5. *de base, & sa profondeur à* 9. *pieds, quelque fois* 6. 7. 8. *&*

(a) Je trouve ailleurs 114.
(b) Lettre à M. d'Aguesseau imprimée.

10. Il dit que *le Reservoir de St. Ferreol a 1200. Toises de long, 600. de large, & 15. de profondeur; que le Bassin de Nauroux ou Grave, qui est la plus haute Source du Pays, est de figure octogone ovale, long de 200. Toises, large de 150. & qu'il est environné de 70. Maisons élevées sur des Arcades.*

Selon ce même Auteur, *la jonction des deux Mers, Oceane & Méditerranée, fut proposée à Henry IV. par le Cardinal de Joyeuse, & à Loüis XIII. par le Cardinal de Richelieu. Enfin Mr. de Riquet en ayant fait le projet, M. Colbert détermina Loüis le Grand à l'exécution. . : . Cet Ouvrage fut commencé en 1666. & fini en 1680. & mis en perfection en 1683. avec les seuls Ouvriers de Languedoc.*

Pour la construction de ce Canal (c'est toûjours le Pere Mourgues qui parle) *il a fallu excaver plus de deux millions de Toises cubes de Terre ou de Tuf, & plus de 500. mille de Rocher; bâtir 104. grandes Ecluses, 16. Chaussées, 10. Câles, 18. Mortalieres, 24. Epanchoirs, une infinité de Ponts; enfin faire plus de 40. mille Toises de Bâtiment, sans y comprendre les Môles, les Quais,*

les Banquettes [illegible] [illegible]
On tient en tout tems [illegible] le Canal plus d'un
million de Toises cubes [illegible]. & plus de
600. mille au réservoir dans la Montagne de
S. Ferreol.

L'Auteur de la vie de M. Colbert (*a*)
parle aussi du Canal de Languedoc. On
peut consulter ce qu'il dit de l'immen-
sité de ses Ouvrages.

Il faut nécessairement conclurre de toutes ces descriptions, que l'estimation que
j'ai faite du Canal de Navigation ne peut
être que fort exagerée, & qu'il y a infiniment plus de difference entre les immenses travaux qu'il a fallu faire pour le
Canal de Languedoc, & ceux qu'il faudroit faire pour le Canal de Provence,
qu'il n'y en a entre les deux sommes de
13. & de 9. milions pour la dépense des
deux Canaux. Chacun en peut décider
par la confrontation des objets & par le
détail qu'on vient de voir. On s'en con-
vaincra mieux encore en raprochant ce
que je dirai au sujet du Canal de Flotaison & d'Arrosage.

(*a*) Edition de Cologne in 12. Pag. 131.

MOTIFS POUR CONSTRUIRE
le Canal de Navigation.

Mr. de Baville, que je ne me lasse pas de citer, nous aprend dans ses Mémoires (a) que *les raisons d'entreprendre le Canal Royal furent entr'autres, qu'au tems d'une disette on pourroit aisément transporter les Grains nécessaires pour subvenir aux besoins des Peuples.* Le Canal de Provence pourroit en semblable cas répandre les Blés de Mer dans les autres Provinces, & celle-ci recevoir par le même Canal les Blés de Bourgogne, de Dauphiné & autres Pays. *Dailleurs la gloire qui reviendroit au Roy & à la Nation, d'avoir executé un si bel Ouvrage, qui éfaceroit ceux des Romains,* & que Mr. de Baville soûtient *n'avoir pas été une des moindres raisons de faire le Canal Royal,* ne doit pas être indifferente au Ministére ni à la Province.

Un autre motif, pour entreprendre le grand Canal de Navigation, devroit être que par ce moyen on ameneroit une plus grande quantité d'Eau, qui seroit toute consommée, si l'on vouloit la débiter,

(a) Pag. 311.

pour les Arrofages, dont l'avantage pour Sa Majefté, pour cette province & pour les Intereffez, fe conclurra de ce qui fera dit du Canal d'Arrofage & de Flotaifon, pour lequel je me fuis déterminé.

IDÉE GENERALE
des Revenus du Canal de Navigation.

Pour donner une idée générale du produit annuel de ce Canal, dont j'ai fait monter la dépenfe à 9. milions, & pour démontrer que ce produit feroit au deſſus de la fomme de 450. mille livres, à laquelle monteroient les intérêts au denier 20. de la fomme fupofée à dépenfer, on doit examiner ce que pourroient rendre, la Navigation fur ce même Canal, la Vente des Eaux pour les décorations & pour les Arrofages, les Moulins de toute efpece, les Engins ou Machines, & divers autres Articles de moindre importance.

La Navigation ne pourroit être ce femble que très-confidérable. Ses deux embouchures, l'une dans la Mer à Marfeille, & l'autre dans le Rhône, lui ouvri-

roient la communication des pays étrangers & de l'interieur du Royaume. Le
Commerce de Lyon à Marseille, celui du
Languedoc principalement pendant la Foire de Beaucaire , & le transport des pro-
visions dont on manque à Aix & à Marseille , présentent un objet très-considéra-
ble ; mais je n'entreprends pas d'en fixer
le produit ; cela surpasse mes connoissan-
ces. D'ailleurs je dois être circonspect sur
cet article , ayant été informé que la partie du Canal de Picardie , qui est ache-
vée depuis St. Quentin jusqu'à Chauni,
ne rend pas les interêts de deux millions
629500. livres qu'elle a coûté, & que la
Compagnie recule d'en faire construire la
derniere partie depuis St. Quentin jusqu'à
Amiens. Chacun pourra fixer ce revenu
comme il trouvera bon ; c'est en partie la
difficulté d'en pouvoir parler positivement,
qui me fait préferer l'autre Canal.

Je crois cependant que les autres revenus du grand Canal, indépendamment de
la Navigation , devroient payer grassement
les interêts de neuf milions. Je ne m'attacherai pas à le prouver ici, pour ne pas
user de repetitions inutiles : L'on aplique-

ra à ce Canal ce que je dirai à cet égard en traitant les revenus du Canal d'Arrosage.

CANAL D'ARROSAGE
& de Flotaison.

Nous lisons dans le Discours de Mr. Bossuet sur l'Histoire Universelle, (a) que *l'Euphrate faisoit à peu près dans les vastes Plaines* (de Babilone) *le même effet que le Nil dans celles de l'Egypte ; mais pour le rendre commode, il falloit encore plus d'art que l'Egypte n'en employoit pour le Nil. L'Euphrate étoit droit dans son cours, & jamais ne se débordoit ; il lui fallut faire dans tout le Pays un nombre infini de Canaux, afin qu'il en pût arroser les Terres, dont la fertilité devenoit incomparable par ce secours.*

POURQUOI CE CANAL
est préferable.

C'est cette incomparable fertilité des Terres, qu'on ne peut se procurer que par les Arrosages, qui m'a déterminé à préferer ce dernier Canal à celui de Navi-

(a) Tom. 1. Pag. 472.

gation : Voici fur quoi je fonde encore cette préference. La conftruction du Canal d'Arrofage fera beaucoup plus aifée, plus briéve & moins difpendieufe ; fon produit plus folide, moins invariable & plus facile à démontrer à l'avance. Il faut donc obferver que le grand Canal ne feroit préferable (quelque objet que nous puiffions nous faire de la Navigation) que parce qu'il porteroit beaucoup plus d'Eau, dont on trouveroit la confommation en entier pour les Arrofages : Mais comme cette même confommation ne fçauroit être folidement conftatée à prefent, il faut donc s'en tenir au Canal d'Arrofage, avec d'autant plus de raifon, qu'en obfervant tout ce qu'il convient dans fa conftruction, il eft la bafe, le fondement & la pierre d'attente (pour ainfi dire) du Canal de Navigation ; de forte que fi dans la fuite le Roy, la province ou les Intereffez trouvant un profit réel par la confommation de l'Eau, vouloient du médiocre Canal en faire le grand, l'on n'y rencontrera point d'obftacle.

Les perfonnes qui peuvent fouhaiter le plus ardemment le grand Canal, donne-

ront fans doute la préference à celui ci,
fi elles font attention qu'il fait la premiere & principale partie du plus grand; que
c'eft par lui qu'il faut comm..ncer; qu'il
eft poffible & facile d'en faire prefque tous
les Ouvrages de façon qu ils puiffent fervir pour le Canal de Navigation.

On élargiroit en premier lieu la partie
de ce Canal depuis la Durence jufqu à
Alain, en obfervant que dans les endroits
penchants où le Canal feroit foûtenu par
des murs, cet élargiffement fût fait du côté opofé aux murs : On laifferoit enfuite
les Eaux dans cette partie, d'où elles paf-
feroient dans la Branche qui aboutiroit à
la Mer, tandis qu'on travailleroit à celle
qui devroit aboutir au Rhône, laquelle
étant finie, on y fairoit paffer les Eaux
pendant qu'on élargiroit depuis Alain jufqu'à la *Vifto*, ou vûë de Marfeille, n'y devant avoir dans cet efpace que peu d E-
clufes à faire : c'eft dans ce dernier endroit
diftant de 4. à 5. mille Toifes de Marfeille, qu'on pourroit établir le Port provifio-
nel du Canal, d'où les Eaux feroient dif-
tribuées par differens petits Canaux dans
le Terroir de cette Ville, où le Canal déja

ja fait , en porteroit une grande partie pour faire mouvoir les Moulins, & autres Machines, & pour d'autres ufages, dans le tems même qu'on travailleroit aux Eclufes qu'il y auroit à faire jufqu'à la Mer. La pente extrémement précipitée en divers endroits, depuis ce Port jufqu'à Marfeille , permettroit fûrement de mettre à fec par de petits Contre-Canaux les endroits où l'on voudroit conftruire les Eclufes, en faifant faire à l'Eau des circuits peu difpendieux : On pourroit même épargner pour toûjours une dépenfe auffi confidérable que celle des Eclufes , fi l'on trouvoit que la Navigation jufqu'à ce Port fût fuffifante, puifqu'il n'y auroit que 5. ou 6. Eclufes à conftruire depuis la prife des Eaux jufques là.

Je puis donc avancer avec confiance que le moyen le plus fûr pour faire un jour le grand Canal, eft de commencer par celui d'Arrofage, qui peut être fait avant qu'on eût pris tous les arrangemens convenables pour commencer celui de Navigation : Si le Revenu de la Compagnie , qui aura fourni aux fraix du

Canal d'Arrofage vient (comme je n'en doute pas) à groffir fuffifamment pour l'engager à entreprendre de rendre ce Canal navigable en remontant, & le pouffer jufqu'à Tarafcon, elle le pourra fi elle veut , & peut être du profit déja fait fur le premier. Enfin , ce fera à elle à fe déterminer , puifque le Canal & fes Revenus lui apartiendront en proprieté.

J'ai entrepris de déveloper & la Dépenfe & le produit du Canal , autant pour la fatisfaction du public , & pour l'avantage de mon projet , que pour détruire toute prévention contraire. Je ne negligerai rien pour le faire avec ordre , & je donnerai une idée des differentes formes dont ce projet eft fufceptible , pour en avancer l'exécution.

ESTIMATION DU CANAL
d'Arrofage & de Flotaifon.

SON COURS ET SES DIMENSIONS.

Le Canal d'Arrofage dont on a vû la defcription , fuivra la même route qui a été ci-devant prescrite. Sa longueur sera de 64000. Toises, ou 22. lieües un tiers de Provence ; sa profondeur verticale de 8. pieds ; & sa largeur de 4. Toises réduites ; sçavoir, 5. d'ouverture sur 3. de base aux endroits creusés dans le Terrain. Suivant ces dimensions l'excavation & la foüille ordinaire de ce Canal, sera de 341333. Toises cubes un tiers.

Il a été déterminé en estimant le grand Canal, que le creusement à faire au-dessus de la profondeur ordinaire, pour pénétrer quelques petites hauteurs, seroient de 15000. Toises cubes ; elles devroient être considérablement réduites pour ce Canal, qui sera moins long, moins large, & moins profond ; mais pour commencer de calculer en exagerant, je les laisse subsister, cy . . 15000. T. c.

La foüille du grand Canal suivant ses dimensions a été portée à 739333. Toises cubes, & suivant ces mêmes dimensions, les creusemens qu'il auroit fallu faire au-delà des excavations ordinaires ; sçavoir, au plan de Campagne & aux environs du chemin de Marseille à saint rons, ont été fixés à 50000. Toifes cubes. Or comme 739333. font à 50000. comme 341333. à 23084. peu moins, il s'enfuit que pour raifon de ces mêmes profondeurs au-deſſus de l'ordinaire, les 341333. Toiſes cubes qui viennent d'être trouvées pour la fouille ordinaire du Canal d'Arroſage (n'ayant égard qu'aux dimenſions données) doivent être augmentées de 23084. Toiſes. Je pouſſerai cependant ce nombre juſques à 30000. afin que mes calculs tendent toûjours à groſſir la dépenſe du Canal, cy,   30000. T. c.

Ajoûtant maintenant ce dernier nombre avec les deux précedents, dont l'un eſt de 15000. & l'autre de 341333. on aura celui de 386333. Toiſes cubes, qui doit être diminué de la moindre excavation qu'il y aura à faire dans les endroits où le Canal ſera ſoûtenu ſur des penchants trop roides. Cette excavation eſt moindre préciſément de la moitié, lorſque l'inclinaiſon de ces penchants eſt la même que celle de la diagonale d'un quarré. Nous avons ſupoſé que cette pente ou inclinaiſon regne pendant un tiers de la longueur du Canal fur des penchants à peu près pareils , plutôt plus doux, que plus roides. L'excavation totale & ordinai-re ayant d'abord été trouvée de 381333. Toifes cubes, le tiers de ce nombre étant 113775. peu moins . & compofant le fo-lide à enlever dans ces endroits penchants, on doit le diminuer de la moitié , c'eft-à-dire, retrancher 56889. Toifes cubes des 386333. ci devant , & il reftera 339444. Toifes cubes , que l'on doit encore dimi-nuer de la moindre excavation à faire dans le Terrain aux endroits en plaine ou peu inclinés , attendu que les deblais y for-meront une partie des bords du Canal, & diminueront d'autant les creufemens dans l'endroit de l'ouverture , c'eft-à di-re, en fa plus grande largeur. On pour-roit fans rifque évaluer cette diminution au tiers de l'excavation pendant les deux tiers de la longueur ; mais pour fuivre toûjours la même méthode , je n'en re-trancherai que le quart , c'eft-à-dire, 56889. Toifes cubes , & l'on trouvera que pour tous les creufemens à faire , il faudra enlever 272555. Toifes cubes.

Pour pouvoir (comme il a été dit à

l'égard du grand Canal de Navigation) (
aprofondir & creuſer tant qu'il ſera néceſſaire, ou que l'on voudra , au Plan de
Campagne & au Chemin de St. Pons ,
afin d'abreger par ce moyen le trajet du
Canal, & faire une économie conſidérable dans la conſtruction du reſtant, qui
coûteroit ſix fois plus que cette plus grande excavation (ainſi qu'on peut le voir en
l'article du grand Canal , & que j'aurai
occaſion de le dire dans la ſuite) j'augmenterai le total de l'excavation de la
quantité de 37445. Toiſes cubes; ce qui
portera toute la foüille & l'excavation du
Canal, depuis ſa priſe juſqu'à ſon embouchure, à la quantité de 310000. T. c.

Il a été obſervé que la huitiéme partie ſeulement des creuſemens ſera dans le
Roc; mais pour être plus qu'aſſurez d'u-
ne exageration, dont je ne m'écarte jamais, ſupoſons dans ce calcul que ce fût
le quart, c'eſt-à-dire, 77500. Toiſes cubes; & quoiqu'une partie de ce Rocher
ſe débite par blocs & par feüilles , &
que le creuſement en ſoit par conſequent
moins cher & plus facile, je l'eſtime néanmoins en général à raiſon de 12. liv. la

Toise cube ; & les 77500. Toifes cubes coûteront la fomme de . . 930000. liv.

Les creufemens à faire dans le Terrain coûteront en général moins de 3. liv. la Toife cube. La plus grande partie de ceux qu'il faudra faire fur les penchans, ne coûteront qu'environ la moitié de ce prix, & feulement les deux tiers ou environ en divers endroits de la Plaine. Pour peu qu'on connoiffe les lieux, & qu'on foit au fait de ces fortes d'Ouvrages, on voit que le gros de la dépenfe de ces excavations dans ce cas-ci, confifte dans le creufement même, & non dans le tranfport, qui n'augmentera fenfiblement cette dépenfe que là où la profondeur fera plus grande qu'à l'ordinaire, le tranfport n'étant pas un ob-jet aux autres endroits : Ainfi en fixant dans ce Pays le prix de chaque Toife cube de creufement dans le Terrain à 3 liv. on y trouve dequoi augmenter le prix dans les endroits pierreux, & les Entrepreneurs ne courront aucun rifque. Ainfi les 232500. Tofes cubes, c'eft-à-dire les trois quarts du creufement total, coûteront 697500. l.

Je viens de dire que pendant près du tiers de la longueur du Canal, fur les endroits trop penchans, il n'y aura qu'une partie des creusemens ordinaires à faire ; j'ajoûte que dans ces mêmes endroits il faudra conſtruire des Murs du côté d'en bas, pour former le Canal & pour supléer au défaut du Terrain & du Roc. Ces Murs, en les supoſant néceſſaires dans tout cet eſpace déja exageré, auroient en tout une longueur de 21333. Toiſes ; supoſons les encore, par une continuité d'exageration, de la même épaiſſeur de ceux que j'ai propoſé pour le grand Canal, & leur donnant ainſi la trop grande ſolidité d'une Toiſe & demi cube par Toiſe courante, on aura 32000. Toiſes cubes de Maçonnerie pour tous ces Murs d'épaulement : Suputons- les encore ſur le pied de 30. liv. la Toiſe cube (prix qu'ils ne coûteront point aſſurément, les Materiaux à cet uſage étant preſque tous ſur la place) on trouvera que ces Murs coûteroient la ſomme de 960000. livres.

Me raportant pour le nombre de Ponts ordinaires ou Aqueducs, à ce que j'en ai dit d'après Mr. Colombi en l'article du grand Canal Pag.　je trouve qu'il en faudroit conſtruire 75. Les prix modiques ausquels Mr. Colombi les eftime, font 800. 1000. 1500. 2000. & 2500. liv. pour le Canal qu'il avoit projetté, qui ne devoit avoir que 4. Toifes d'ouverture : Mais ayant égard à la plus grande largeur de ce Canal, & à ce qu'ils doivent coûter effectivement, ils ne reviendront pas à 4000. liv. prix moyen. Eftimons-les cependant ici à raifon de 4200. liv. & portons leur nombre jufqu'à 95. afin d'être certains d'y trouver ceux qu'il faudra faire fur les Chemins publics que le Canal coupera ; ce nombre de Ponts & leur prix exageré feront un article de dépenfe de la fomme de 399000. liv.

Comme le Sr. Colombi n'a pas eftimé ni même propofé quelques articles de dépenfe dont je vais parler, & que je dois abreger un Ouvrage qui pourroit laffer la patience du Lecteur, je vais préfenter en eftimation générale ce que Mr. Colombi n'a pas compris dans fon Devis, & qui n'eft pas moins une partie indifpenfablement néceffaire du Canal ; fçavoir.

Pour la conftruction de 30. à 40. petits Ponts ou Ponteaux pour la fuite & l'échapée des Eaux de la Pluye, qui feront reçûës dans les Contre-Foſſez, pour franchir quelques petits Ravins, ou autres uſages.

Pour la conſtruction de ſix médiocres Aqueducs, qui pourront être néceſſaires pour ſoûtenir les Eaux du Canal en quelques endroits. On examinera quand il en ſera tems, ſi par le moyen de quelques Chauſſées on ne pourroit pas en ſuprimer une partie.

Pour le grand Aqueduc qui doit traverſer à une hauteur convenable la Riviere de l'Arc, & pour un autre beaucoup moindre dans le Terroir de Valabres.

Je ne crois par errer par une eſtimation inferieure à la dépenſe, ſi je porte celle des articles ci-deſſus à la ſomme de 300000. liv.

On peut par les raiſons déja alleguées, comprendre les articles ſuivans dans une eſtimation ſommaire ; ſçavoir.

Les creuſemens des Contre-Canaux pendant la longueur de 30. ou 40. mille Toiſes, ſur la largeur d'environ 6. pieds, & la profondeur de 4. à 6. pieds ; ce qui dans le Terrain doit faire une dépenſe de vingt ſols ou environ par Toiſe courante.

Les Chantiers & Magasins pour les pro-
visions des Materiaux.

La Maison du Gardien des Vannes,
bâtie sur le Roc même de *Cante-Perdrix*.

Les Moulins & Engins

La prise du Canal faite en maniere que
l'on puisse donner la quantité d'Eau qu'on
voudra.

Divers Forts, Epics, Eperons, Rateliers,
ou autres Ouvrages en differens endroits,
au-dessous de la prise des Eaux, pour écarter la Riviere & pour garantir des cruës
d'Eau le Canal dans sa naissance, & pour
aider au Roc dit de Colombi & à celui
du Logis d'Anne, déja placez & disposez
par la nature à cet effet.

Deux principaux épanchoirs, & les deux
Ports du Canal à Aix & à Marseille.

Tout cela examiné avec l'attention convenable, & de l'avis des personnes entenduës en ces matieres, pourroit coûter la
somme de 150000. liv.

Le Canal auroit, comme on l'a vû,
64. mille Toises de longueur sur 5. d'ouverture : Ajoûtons 4. Toises de chaque
côté pour les bords, qui ne devant être
que d'un côté dans les endroits trop pen-

chans, diminueroient cette largeur d'autant. Laiſſons-la cependant ſubſiſter en
entier, pour compenſer le ſol que les Contre-Foſſez & autres Ouvrages occuperont,
& multipliant les 64000. Toiſes de longueur par les 13. Toiſes de largeur, on
aura au produit une ſuperficie de 832000.
Toiſes quarrées ; c'eſt à dire, 924. Arpens
& demi peu moins de 900. Toiſes chacun, qui comprenent tous les fonds que
le Canal, ſes bords & ſes differens Ouvrages occuperont, en ſupoſant même que
le Canal dût être auſſi large en aprochant
de ſon embouchure, que du côté de ſa
ſource ; ce qui ne ſera pas, non-ſeulement
parce que plus le Canal aprochera de la
Mer, moins il devra contenir d'Eau, attendu la dépenſe & la diſtribution qui en
auront été faites ſuperieurement, mais encore parce que dans les Terroirs de Septemes & de Marſeille la pente pouvant
être rapide, il faudra un moindre courant
& volume d'Eau pour fournir la même
quantité. Cette obſervation faite à l'article des creuſemens, auroit encore diminué la foüille & l'excavation du Canal ;
mais je n'ai voulu y avoir aucun égard,

pour retrouver amplement le Terrain que les Rigoles ou petits Canaux dérivez du grand, pourront occuper.

Les Terres n'étant pas en général plus précieuses en Provence qu'en Bourgogne, où l'Arpent fut évalué à 150. liv. pour celles que le Canal qu'on y avoit projetté devoit occuper, on peut en toute sureté se fixer à ce prix ; car quoiqu'il ne soit pas suffisant dans le voisinage d'Aix, de Marseille & de quelques autres endroits peut-être, il est sûr que ce prix est au-dessus de la valeur de la plûpart des autres fonds, notamment des Rochers & de plusieurs autres endroits en friche, où l'Arpent ne sçauroit être estimé 15. liv. c'est pourquoi je laisse subsister ce même prix de 150. liv. & je trouve que les 924. Arpens de Terre ou de Rocher que le Canal & ses differens Ouvrages occuperont, reviendroient à la somme de 138600. liv. Pour faire sur cet article quelque exageration, j'augmente cette dépense de 24900. liv. ainsi la valeur des Terres occupées par le Canal montera à la somme de 163500. liv.

Outre toutes ces exagerations, ajoûtons

encore à cette dépenſe, pour les articles
omis ou pour les cas imprévûs, la ſomme de 400000. liv.

RECAPITULATION
de la dépenſe générale pour la conſtruction du Canal.

Creuſemens dans le Roc, ...	930000. liv.
Ceux dans le Terrain,	697500. liv.
Murs d'épaulement, .	960000. liv.
Ponts, Aqueducs, &c.	399000. liv.
Ponteaux, grands Aque- ducs, &c.	300000. liv.
Contre-Canaux, Priſe, &c.	150000. liv.
Prix des Terres, . .	163500. liv.
Cas imprevûs, . .	400000. liv.
TOTAL. . . .	4000000. liv.

OBSERVATIONS
ſur l'eſtimation générale de la dépenſe du Canal.

Je ſuis perſuadé que l'eſtimation que

j'ai fait des creuſemens dans le Terrain à raiſon de 3. liv. la Toiſe cube, ſera généralement trouvée plus que ſuffiſante. On pourra voir ſur cela ce que je dis ci-après Pag.   en parlant du tems qu'il faudra pour faire le Canal. Il ſera aiſé de juger que le prix que j'ai fixé eſt ſuffiſant, en ſuputant le nombre de journées qu'il faut employer à creuſer & tranſporter une certaine quantité de Toiſes cubes de Terrain.

Mais comme quelqu'un pourroit croire que le prix de 12. liv. que j'ai fixé pour chaque Toiſe cube de creuſement, dans le Roc, ſeroit inferieur à ce qu'il coûtera, voici ce que nous enſeigne ſur cela M. Belidor : (*a*) *Quant au Roc, il faut avoir égard à ſa qualité, & à ſa dureté; on le tire par mine, dont l'apareil eſt de 4. Hommes, qui s'aprofondiſſent de 5. pieds dans un Roc ordinaire ; mais comme le marbre eſt d'une nature plus dure, ils ne peuvent guéres s'y aprofondir que de 4. pieds, qui produiſent tout au plus une demi Toiſe cube, qui conſume deux livres de poudre pour charger les Petards : Outre les 4. Hommes,*

(*a*) Science des Ingenieurs, Page 44.

on ajoûte encore deux manœuvres pour ar-
racher les pierres ébranlées par la mine, & ôter
les décombres. Ainsi sçachant ce que les uns
& les autres doivent gagner par jour, & ce
qu'il en coutera pour les outils & la Poudre, on pourra sçavoir à combien reviendra
la Toise cube. Comme la plus grande partie du Roc qu'il faudra excaver se dé-
bitera par blocs & par failles, il en re-
sulte que mon estimation est exagerée,
puisqu'elle suffiroit presque pour creuser
dans le Marbre, suivant M. Belidor.

AUTRE FAÇON D'ESTIMER
la dépense du Canal.

On peut par une voye bien simple, &
d'un seul coup déterminer la dépense du
Canal, & prouver que l'estimation que j'en
ait fait ne peut être defectueuse que pour
avoir été portée trop haut; ce qui ne sçauroit tourner qu'à l'avantage des Actionnaires & des Proprietaires. Qu'on supose,
par exemple, qu'il fallût établir ce Canal, & le creuser dans le Roc tout le
long de son cours, & que l'affreuse dépense d'un tel creusement dût seulement
équivaloir

équivaloir à peu près, ou compenſer les creuſemens ordinaires, la valeur des Terres, &
tous les Ouvrages généralement : Qu on eſtime même, comme je l'ait fait ci-devant,
le prix de chaque Toiſe cube de cette excavation à 12. liv. en les multipliant par
310000. toiſes cubes qu'il a été déterminé
qu'il falloît creuſer pour toute la foüille
du Canal, on aura au produit pour toute
dépenſe 3720000. liv. par conſequent une
ſomme de 280000. liv. au - deſſous de mon
eſtimation , tant elle eſt exagerée.

L'exageration de mon eſtimation peut
ſe conclurre encore du paralléle de ce
Canal avec celui de Languedoc, dont on
a vû que la dépenſe ne fut portée, ſelon
Mr. de Baville, qu'à 11. millions. Qu'on
eſtime à préſent de la même façon la dépenſe du Canal de Languedoc, c'eſt à dire,
qu'on ſupoſe, ainſi que je viens de le faire à l'égard de celui de Provence, que
tous les creuſemens euſſent été dans le
Rocher, qu'on multiplie par 12. liv. chaque Toiſe du creuſement qu'il a fallu
faire pour le Canal Royal, dont la quantité a été ci - devant déterminée par trois
differens Auteurs à deux millions de Toi-

G

ſes cubes dans le Terrain, & à 500. mille dans le Rocher, par celui des trois qui a la vraiſemblance pour lui ; ainſi multipliant 25.0000. Toiſes cubes par 12. liv. on trouveroit que le Canal de Languedoc devroit avoir coûté 30. millions, au lieu de onze, comme le dit Mr. de Baville, qui a dû le ſçavoir, puiſque le Canal fut fini dans un tems où il étoit déja Intendant de la Province de Languedoc. Cette même façon de calculer l'une & l'autre dépenſe de ces deux Canaux, produit des effets bien differens, puiſque le même calcul qui augmente de 19. millions la dépenſe du Canal Royal, diminuë de 280000. liv celle du Canal de Provence. Il faudroit donc que la dépenſe de ce premier eût été environ trois fois plus forte que ne l'aſſure la perſonne du monde qui en étoit la mieux informée, ou il faut que j'aye infiniment exageré la dépenſe de ce dernier Canal.

En comparant dans un plus grand détail la dépenſe de ces deux Canaux, leur nature & leurs principaux Ouvrages, on verra encore mieux l'exageration de celui que je propoſe. On n'a pour cela

qu'à se rapeller ce que j'ai dit à ce sujet en parlant du Canal de Navigation,
& dire de celui-ci avec plus de raison,
que l'on n'aura pas, comme en Languedoc, 2. millions & 500. mille Toises cubes de Terre, de Tuf ou de Roc à enlever, des Montagnes à percer, 16. Chauffées à élever, plus de 100. Ecluses à construire, le grand Bassin de Nauroux & l'immense Reservoir de St. Ferreol, 22868.
Toises de Rigoles à faire, & tant d'autres Ouvrages dispendieux en tems & en
argent; c'est-à-dire que quiconque voudra se donner la peine de comparer la
dépense de ces deux Canaux avec leurs
differens Ouvrages, trouvera non-seulement que mon estimation est portée trop
haut, mais encore que le Canal qui doit
être construit en Provence, sera plus facile & plus pratiquable en tout sens.

Si chaque Toise cube de creusement
dans le Rocher avoit coûté en Languedoc 12. liv. & chaque Toise cube dans le
Terrain 3. liv. ainsi que j'ai suposé qu'on
payeroit en Provence, il s'ensuivroit que
la seule excavation du Canal Royal auroit dû coûter 12. millions; de sorte qu'a-

G ij

vec le million reſtant on auroit dû faire,
le Port de Cette qui a coûté 2. millions,
& tous les autres immenſes Ouvrages dont
il a été parlé; ce qui eſt impoſſible. Les
ſeules Ecluſes, ſur le pied que j'ai eſtimé
celles de Provence, auroient dû coûter
2 millions 600. mille livres, & les 40.
mille Toiſes de Bâtiment, un million 200.
mille livres. Qu'on examine encore le montant des autres Ouvrages, & l'on jugera
que plus la ſomme ſera grande, plus j'aurai exageré celle ſur laquelle je prétends
cependant me régler pour trouver un produit excedant de beaucoup les interêts au
5. pour cent de la dépenſe du Canal que
je propoſe, & dequoi payer encore graſ-
ſement l'entretien annuël de ce même
Canal.

COMBIEN DOIT DURER
la conſtruction du Canal.

Pour déterminer à peu près le tems
qu'on employera à la conſtruction du Canal, on doit faire le dépoüillement des
Ouvrages dont il ſera compoſé. Je les diviſe en trois claſſes.

Les creusemens dans le Terrain, qui ont été trouvez de 232500. Toises cubes.

Ceux dans le Roc, de 77500. T. c.

La Maçonnerie pour les Murs de soûtenement, pour les Ponts ordinaires, pour les Aqueducs & autres Ouvrages,

Comme il faudra plus de tems pour certaines parties de ces Ouvrages, que pour la Bâtisse ordinaire, j'y aurai égard, en compensant ces difficultez par un plus grand nombre de Toises de Maçonnerie, au hasard de les exagerer, ce qui est un petit objet, ne s'agissant ici que de quelques journées de plus ou de moins; ainsi j'en fixe le nombre à 45000. Toise. cub.

On sçait par expérience qu'un homme peut à la rigueur en un jour d'Esté creuser & foüiller près de deux Toises cubes de Terre douce, sans Racines ni Pierrailles; qu'un autre homme peut dans le même tems broüeter & transporter 2. Toises cubes de cette Terre à 15. Toises de distance de la foüille, c'est-à-dire au premier Rélais. Il faut 250. Broüetées de Terre pour le transport d'une Toise cube. Un Broüeteur fait 30. Toises de chemin pour chaque Broüetée; multipliant 30. par 250.

on trouve que le chemin qu'il fera pour chaque Toiſe cube ſera de 7500. Toiſes, & de 15000. pour deux Toiſes ; c'eſt à-dire, 5. lieuës de Provence, qui ſont la tache commune que l'on aſſigne à un Pay-ſan, lorſque le tranſport ſe fait en Plaine, & alors les relais ſont diſtans de 15. Toi-ſes, comme je viens de le dire : Mais quand il faut monter par des Ponts ou par des Rampes, les Rélais ne ſont ordinairement établis qu'à 10. Toiſes loin l'un de l'au-tre, & l'Ouvrier ne fait alors que les deux tiers du chemin qu'il fairoit en Plaine.

La difficulté du tranſport ne ſera point un objet de dépenſe en tems ni en ar-gent, pour la fouïlle du Canal, ſi on en excepte les endroits plus profonds que les creuſemens ordinaires, comme le Plan de Campagne, ſes environs & quelques au-tres endroits ; dans tout le reſtant on peut regarder ce tranſport comme bien peu de choſe, ſur tout ſur les penchans : Mais com-me on ſçait auſſi par expérience que lorſ-que la Terre eſt dure, pleine de Pierrail-les & de Racines, elle eſt très-difficile à fouïller, même à la Pioche, & ſouvent au Pic, ce même homme fait la moitié

moins d'ouvrage & au deſſous dans le même-tems. Le tranſport d'une telle Terre
eſt d'autant plus long, qu'elle eſt plus pé-
ſante. Je ſupoſe ici que (en égard à tout
ce que de raiſon en pareil cas, ſur tout
à la ſituation des lieux & aux dimenſions
du Canal) un homme ne pourra foüiller,
tranſporter ou jetter ſur les bords que de-
mi-Toiſe cube de Terre par jour; il faudroit donc pour toute la foüille dans le
Terrain, 465000. journées de Payſan.

Pour pouvoir fixer le nombre de journées qu'il faudra employer aux creuſemens
dans le Roc, il faut examiner ce qu'en
dit Mr. Belidor à l'endroit ci-devant cité, Page 95.

Le Roc qu'il faudra creuſer pour le Canal étant infiniment plus facile que le Marbre, une partie ſe débitant par blocs &
par feüilles, & ſe trouvant pour la plûpart ſur les endroits penchans, je ne crois
pas errer conſidérablement en mettant dix
hommes pour chaque Toiſe cube; & ſur
ce pied-là, il faudra pour les 77500. Toiſes, 775000. journées.

Ayant été ſupoſé que toute la Bâtiſſe,
par raport au tems qu'il faudra pour la

construire, peut compofer 45000. Toifes cubes de Maçonnerie ordinaire & en moilons, & fçachant que 4. Maçons fervis par 6. Manœuvres peuvent bâtir chaque jour au moins une de ces Toifes cubes, il faudroit pour cet article 450000. journées de Maçons ou de Manœuvres.

RÉCAPITULATION
des Journées.

Pour les creufemens dans le Terrain, ... 465000.
Pour ceux dans le Roc, . 775000.
Pour la Maçonnerie, . . 450000.
____
TOTAL. . . . . . 1690000.
____

Ainfi en employant 1000. hommes par jour, il faudroit moins de trois ans pour faire le Canal & tous fes differens Ouvrages. Toutes ces journées, en les fixant au deſſus du prix moyen de 20. fols, ne coûteroient pas plus de 2. millions. La valeur réelle des Terres & des Materiaux, les Apointemens des Directeurs & Infpecteurs, ne fçauroient exceder la moitié de cette fomme ; ce qui eft une nouvelle preuve que mon eftimation générale de la dépenfe du Canal, eft exagerée.

Il me refte à examiner, à l'égard du tems que demande la conftruction du Canal, s'il feroit poffible d'avoir en tout tems 2000. hommes fur les travaux, fans employer les Payfans du voifinage, fi néceffaires à l'Agriculture. Il eft évident qu'on ne fçauroit manquer ni d'Ouvriers ni de Payfans étrangers.

Quant aux Maçons, Mineurs & Carriers, quoique l'on pût employer une partie de ceux de la Province fans qu'elle en fouffrît, on fçait communément que la Savoye, le Piémont & le Dauphiné fourmillent de ces Ouvriers, & qu'il en viendroit autant qu'on pourroit en occuper.

Les Payfans néceffaires pour les creufemens, ou pour fervir de Manœuvres, ne fçauroient être rares : Il en fort une fi grande quantité des Montagnes de la Provence & du haut Dauphiné pendant les fix mois d'Hiver qu'ils ont au moins dans leur pays, qu'après s'être répandus jufqu'aux extrémitez du Royaume pour gagner leur vie, plufieurs font obligez de pénetrer jufqu'à Rome, en Hollande & autres pays éloignez. Il est certain que non-seulement ceux qui sont dans cet usage viendroient avec leurs Femmes & leurs Enfans en état d'être Manœuvres, mais que la proximité des travaux & l'assurance d'y trouver de l'occupation & du profit attireroient encore plusieurs autres Familles, qui venant à contracter des habitudes dans ces cantons, & à goûter la différence du climat, s'y arrêteroient : Ainsi loin de craindre que ces Ouvrages privent la province des Ouvriers qu'elle a, & qui lui sont nécessaires, il est évident qu'ils lui en procureront beaucoup d'étrangers.

PRODUIT ANNUEL DU CANAL
en faveur des Personnes qui fourniront aux frais de sa construction.

Les Revenus annuels du Canal peuvent être divisés en 4. principaux articles.

Le premier comprendra le produit de la Flotaison & de la Navigation en descendant ; celui du Terrain qu'il est permis aux Interessez d'acquerir de 4. cannes de largeur sur chacun des bords du Canal, &

plusieurs autres moindres articles dont je ne ferai pas mention.

Le second Revenu sera celui des Moulins à Blé & autres de toute espéce, & généralement de toutes les Machines & Engins.

Le troisiéme sera celui de la vente des Eaux par souscription, pour la décoration & pour l'utilité des Villes & des Campagnes, independamment des Arrosages.

Le quatriéme sera celui des Arrosages.

PREMIER ARTICLE
de Revenu.

PRODUIT DE LA FLOTAISON.

Le Revenu dont le calcul est le plus difficile & le plus sujet à erreur, est sans contredit celui de la Navigation, qui promet beaucoup dans la speculation, & qui ne remplit jamais qu'imparfaitement l'idée avantageuse qu'on s'en forme d'ordinaire ; c'est pourquoi je laisse aux lumiéres des Connoisseurs l'évaluation du produit de la Flotaison, & de la Navigation du Canal que je propose. Ils sça-

vent fans doute que le Canal aportera
fouvent du Blé ; journellement toute forte de Denrées , Fruits, Veaux , Ardoife,
& autres Matériaux ; des Bois de Mâture,
de Conftruction, de Charpente , de Char-
ronage , de Menuiférie , & de Chauffa-
ge , & mille chofes enfin dont les Villes
d'Aix & de Marfeille ont befoin.

PRODUIT DES ARBRES
& de la Culture des bords du Canal.

Il feroit plus facile de dire quelque
chofe de pofitif fur le produit des Arbres qu'on pourra planter de chaque côté du Canal, en déterminant leur nombre & leur efpéce. La longueur du Canal a été trouvée de 64000. Toifes , &
la largeur du Terrain qu'on peut acquerir fur chacun de fes bords étant de 4.
cannes, on trouve que ce premier nombre multiplié par ces deux largeurs de
4. cannes chacune, produit une fuperficie
de 512. mille Toifes quarrées.

En fuppofant que tout cet efpace fût
propre pour y planter des Peupliers &
des Saules placés en quinconce , diftants

l'un de l'autre d'environ 6. pieds, & qu'on pût en mettre un rang au bord même du Canal, & un à l'extrémité de la largeur de 4. cannes, on auroit un décuple rang de ces Arbres pendant toute la longueur ; c'est-à-dire que la superficie ci dessus en contiendroit 640. mille. Mais comme on pourroit trouver quelque difficulté, sur tout à l'égard du rang qui seroit le plus éloigné du Canal, & que d'ailleurs j'ai supposé que le quart de la longueur pourroit être dans le Roc, & qu'enfin cette plantation ne sçauroit être complete dans les endroits trop penchans en dessous des murs de soûtenement, & là où il y aura des Ponts & des Acqueducs, je diminuë ce nombre de 240. mille en maniere que l'estimation du Revenu de cet article ne se fasse que sur la qnantité de 400. mille Saules ou Peupliers.

Cette même surface de 512. mille Toises quarrées, dont la valeur a été comprise dans mon estimation, peut être complantée, partie en Saules & en Peupliers, & le restant en Meuriers, en Amandiers, en Oliviers & autres Arbres, suivant que la qualité du Terrain l'exigera : elle peut

être d'ailleurs cultivée en bien des endroits, & produire en bien d'autres d'ex-
cellens pâturages. Enfin, ce fera un Domaine de 470. Arpens, exempts de tout
impôt, à portée d'être arrofé en partie,
& dont les Fruits, & même les Arbres
pourront être rendus prefque fans fraix à
Aix & à Marfeille par le moyen du Canal. Quelques perfonnes très entenduës,
que j'ai confulté pour fçavoir à combien
je pourrois faire monter tous les précedents Revenus, c'eft-à-dire, celui de la
Navigation, celui des Arbres, & celui
des 4. Toifes de chaque côté du Canal,
m'en ont donné une idée très avantageufe, & prefque prouvé qu'ils pourroient
fuffire pour indemnifer d'une partie de
la dépenfe : J'abandonne cependant l'eftimation de ce produit au libre arbitre du
Lecteur, n'ayant pas befoin de ces Revenus tout confidérables qu'ils font, ni de
plufieurs autres que je neglige auffi pour
démontrer évidemment que le Canal rendra beaucoup au delà des interêts des fommes qu'il aura coûté.

SECOND ARTICLE
de Revenu.

PRODUIT DES MOULINS A BLE'.

On ne doit pas méfurer les Revenus des Moulins du Canal fur ceux des Moulins qui exiſtent actuellement, foit parce que ces premiers étant aux Portes, & dans l'enceinte même des Villes s'il le falloit, le port du Blé & le raport de la Farine s'en fairoient à moins de frais ; foit parce que leur proximité leur vaudra la préference ; foit parce qu'ils feront conſtruits & difpoſés plus avantageuſement, & qu'ils auront chacun leur blutoir ; foit enfin (& c'eſt le point principal) parce qu'ils feront en tout tems bien fournis d'Eau.

Quoique la dépenfe de la conſtruction de ces Moulins ait été comprife dans l'eſtimation génerale du Canal, il eſt à propos de faire remarquer ici, qu'étant nourris par une abondante Riviere, & pouvant avoir toute la chûte, & la pente qu'on trouvera néceſſaire, on n'aura pas befoin de les multiplier beaucoup, ce qui fera une épargne en toute façon, fur-tout pour les frais des Meuniers, attendu qu'il faut également un meunier pour un moulin qui ne travaille que par intervalle, & qui ne débite que 4. ou 8. charges de farine par jour, comme pour un moulin qui travaille continuellement, & qui fait 50. ou 60. charges de farine en 24. heures. Quelques meules, comme la plus vigoureufe des trois du Moulin de Pertuis, moudroient du Blé tant qu'on voudroit. Cette Meule fait en vingt - quatre heures de tems plus de 120. charges de farine. Qu'on fupofe que celles du Canal n'en feront que le tiers : Qu'on mette trois meules dans chaque Bâtiment : Il eft aifé de calculer la Dépenfe de toute cette Bâtiffe, & le nombre de ces meules en déterminant la quantité de farine que les moulins du Canal devront faire. Les feules Villes d'Aix & de marseille confomment chaque jour plus de 600. charges de Blé. Les féchereffes ordinaires peuvent durer, année commune, environ fix mois, pendant lefquels on doit compter que les moulins du Canal feront les trois quarts de la farine, & pendant le refte

de

de l'année ils doivent en faire la moitié, ce qui revient par jour à 375. Charges, & pour l'année à 136875. fixant le droit de mouture de chaque charge seulement à 20. sols toute bluée, ce seroit un Revenu annuel de 136875. liv.

Les Revenus des autres Moulins que la Compagnie du Canal pourra faire construire ailleurs qu'à Aix & à Marseille, ne peuvent être que très considérables Ce Canal aura une longueur de plus de 21. lieuës de Provence : les differentes Branches qu'on en détachera en auront elles-mêmes peut-être d'avantage ; ainsi une infinité de Communautez pourront faire moudre leur Blé par les Moulins du Canal, ou en acheter les Eaux pour mettre leurs Moulins actuels en état de travailler toute l'année. Les Seigneurs dont les Moulins font bannaux acheteront de l'Eau aux mêmes fins, attendu que la Compagnie du Canal ne fera point construire de Moulins à Blé dans leurs Terres : Combien de Villes & de Villages qui manquent de Moulins à Eau, & qui n'en ont que de ceux à Vent, qui ne font pas les Farines de la qualité requi-

H

se, n'écrasant le Blé qu'inégalement & en
partie?

Il est cependant difficile de pouvoir à
l'avance déterminer à peu près le Revenu que ces differents Moulins à Blé procureront aux Interessez du Canal : j'ai sur
cela demandé l'avis de plusieurs personnes intelligentes ; elles pensent si diffé-
remment, que je n'ai pû prendre leur
avis pour régle : mais comme il convient
de déterminer quelque chose, je vai tirer
en ligne la modique Somme de 15000.
livres.

Ajoûtant cette somme à celle de 136875.
liv. qui a été trouvée être le produit annuel des Moulins à Blé des Villes d'Aix
& de Marseille, on a la somme totale
de 151875. liv.

Je sçai qu'il faut sur ce Revenu déduire ce qu'il en coûtera annuellement
pour l'entretien & les réparations des Moulins, pour le transport du Blé & de la Farine, & le profit des Meuniers ; je crois
supléer à toutes ces déductions, en rédui-
sant ce produit à la somme de 100000.
livres.

PRODUIT DES MACHINES
de toute espéce, & des Moulins autres que ceux à Farine.

Pour pouvoir dire quelque chose de positif, ou d'aprochant sur le Revenu des Moulins autres que ceux à Blé, & sur celui des Machines & Engins de toute sorte, il faudroit en sçavoir le nombre, & en déterminer la nature, ce qui ne se peut à l'avance. Plusieurs Négocians & gens entendus m'ont assûré, qu'il n'y a rien d'exageré en mettant pour le produit annuël de cet article une somme pareille à celle du Revenu des Moulins à Blé, cy, 100000. liv.

On a voulu me démontrer que la Ville de Marseille, dont le Commerce est immense, peut seule à cet égard rendre au delà de cette somme, & que si on ne doit pas d'abord regarder ce Revenu comme beaucoup plus considérable, c'est qu'il faut nécessairement quelques dépenses & quelque tems après la construction du Canal pour mettre toutes ces differentes

Machines en état ; leur nombre ne peut être que grand. Combien de Moulins à Huile, à Soye, à poudre, à Chanvre, à Auff. ou jonc, à Nerte, & autres pour les Taneurs ? Combien de Blancheries, Taneries, Papeteries, Foulons ou Paroirs ? Combien de Martinets à fondre & à forger toute sorte de piéces de fonte & de fer ? Combien de Scies à eau pour le Bois & pour le Marbre ? Combien d'autres Machines enfin, indépendamment de celles pour hacher le Tabac, & pour pulveriser le Ciment ou Tuileaux ?

TROISIEME ARTICLE
de Revenu.

PRODUIT DE LA VENTE DES EAUX.

La vente des Eaux pour la décoration, & pour l'utilité des Villes & des Campagnes, indépendamment des Arrosages, se fera par souscription, & sans aucun risque pour les Acheteurs, comme on le verra dans la troisiéme Partie de ce Traité : mais pour donner à présent une idée du montant de cet article, il faut tâcher de déterminer quelle quantité d'Eau pourra être venduë, & en fixer le prix.

Si les Habitans des Villes & Communautez qui feront à portée de profiter des Eaux du Canal, étoient bien perfuadez qu'il eft non-feulement poffible, mais néceffaire, & avantageux à tous, ils ne balanceroient point de foufcrire pour toute l'Eau dont ils auroient befoin, & le montant des foufcriptions furpafferoit la dépenfe du Canal. Mais comme ce feroit trop fe flater de croire que cette vente d'Eau fût d'abord fi confidérable, je vai la déterminer en maniere qu'elle fe trouve plutôt au deffous, qu'au deffus de ce qu'elle fera vraifemblablement à l'avance.

Je fupofe que toute la vente des Eaux du Canal pour les ufages que je viens de déterminer pendant toute la longueur de fon cours, dépuis *Cante-Perdrix*, jufqu'au Terroir d'Aix, & dans la plus grande partie des Terroirs qui fe trouvent entre cette Ville & celle de Marfeille, ne fût que de 2000. pouces, ou de 4000. canons d'un denier, méfure connuë en Provence, que je fupoferai dans mes calculs être égale à un demi pouce, ou à 72. lignes en fu-

perficie , ce que j'expliquerai plus clairement en son lieu (Troisiéme Partie) &
cy , 4000. canons.

Je supose aussi que la vente des Eaux
pour la Ville d'Aix , & pour la partie de
son Terroir , qui sera inferieure au Canal,
ne fût que de 3000. de ces mêmes canons , cy , 3000. canons.

Je supose aussi que la Ville de Marseille & son Terroir, où l'on compte de 8.
à 9000. Bastides , ou Maisons de Campagne , ne souscrivissent que pour 5000.
canons , y compris le nombre qui pourra
être vendu aux Biaux circonvoisins , cy ,
5000. canons.

Ces trois quantités composent celle de
12000. canons d'un denier , c'est-à-dire,
6000. pouces, ce qui est certainement
bien peu , & seulement environ la dou-
ziéme partie de l'Eau du Canal. La seule
Ville de Marseille avec son Terroir , &
même celle d'Aix , auroient besoin chacune d'une plus grande quantité , uniquement pour les décorations , & les néces-
sitez de la Ville & des Maisons des Particuliers , soit dans la Ville même ou dans
le Terroir : Je borne là cependant toute

cette vente d'Eau quant à préfent, & je trouve que les 12000. canons aux prix fixez dans la troifiéme Partie, produiront, fçavoir ;

4000. canons à 233. l. 6. f. 8. d.   933333. l.
3000. à   350. l.   1050000. l.
5000. à   700. l.   3500000. l.
                                    ─────────────
Et tout enfemble ,   .   .   5483333. l.

L'interêt au denier 20 de cette fomme de plus de 5. millions 480. mille livres, exprime dans ce calcul le produit annuël de cet article, qui fe trouve ainfi monter à 274. mille livres, que je réduis à 350. mille livres pour compenfer les dépenfes à faire pour conduire ces Eaux de la façon que je dirai dans la fuite , & cy , ... 250000. liv.

QUATRIEME ARTICLE
de Revenu.

PRODUIT DES ARROSAGES.

Les Arrofages feront un article de Revenu fi confidérable, que non-feulement il indemnifera de la dépenfe du Canal,

de fon entretien , & des interêts des fommes avancées pendant le tems de la conftruction ; mais il procurera d'ailleurs un
très grand profit. Il n'eft point de Terrain fur le cours du Canal qui n'ait fouvent befoin d'être arrofé , même celui de
Marfeille , quoique pierreux en partie , &
principalement deftiné pour la Vigne , qui
donne le produit le plus avantageux : la
féchereffe porte à la Recolte du Vin à
peu près le même préjudice , qu'à celle
des autres Denrées

On verra ci après (troifiéme partie) que
pour raifon des Arrofages , les particuliers
pourront foufcrire fans aucun rifque comme pour la vente des Eaux ; mais comme bien des gens font prévenus que M.
de Crapone s'étant ruiné par l'execution
de fon Canal , pour n'avoir eu d'autre
objet de Revenu que celui des Arrofages,
& de quelques petits Moulins , il pourroit peut-être en arriver autant à ceux
qui feront conftruire le Canal de Provence , je vai rapporter l'Hiftoire de M. de
Crapone , pour détromper ceux qui imputeroient à la nature de l'Ouvrage la
ruine de fon Auteur.

Quand M. de Crapone eut examiné la route d'un Canal dépuis la Durence juſqu'à Aix, il trouva, comme je l'ai dit, de la pente de reſte ; mais en même-tems des Montagnes qui s'opoſoient à ſon paſſage ; des Ponts & des Murs d'épaulement à conſtruire. Ces difficultez le rébutérent, parce qu'il n'entendoit aparamment en l'art de conduire les Eaux, que le ſeul nivelement, comme ſon Ouvrage le prouve. Il ſe détermina pour le Foſſé qui porte ſon nom, & qu'il deſtina pour Salon, lieu de ſa réſidence. (a) Il avoit obtenu le 19. May 1557. la permiſſion des Maîtres Rationaux de cette Province (aujourd'hui la Cour des Comptes) de dériver une partie dés Eaux de la Durence dans le Terroir de Janſon, ſous la cenſive d'un écu d'or ſol pour le Canal, & de douze ſols tournois pour chaque Moulin & Engin.

Il établit la priſe de ſon Canal ſi peu ſolidement, qu'elle coûte d'entretien annuëllement une ſomme aſſez conſidérable ; il ſçavoit qu'elle devoit être entre deux Rochers ; mais ceux qu'il choiſit étoient trop éloignés pour aſſûrer cette priſe ; l'un

______

(a) Il étoit originaire de Montpellier.

est celui de *Gontard*, l'autre celui qui borde la Riviere du côté du Sud, & qui sert de base aux Montagnes de Rogne ; la distance de plusieurs 100. Toises, qui separe ces deux montagnes, étoit alors une surface en Terrain assez uni. L'ouverture de la Prise ne reçût d'abord que l'Eau nécessaire ; mais à la premiere inondation la moitié de la Riviere y passa, & à la seconde cruë des Eaux toute cette Plaine disparut ; elle sert depuis lors de lit à la Durence, en maniere que l'on fut obligé d'établir plus bas, & sans aucune solidité, la prise des Eaux, & d'abandonner une partie des Ouvrages déja faits.

M. de Crapone pénétré de la beauté & de l'utilité de son projet, s'imagina qu'il n'auroit pas plutôt mis la main à l'œuvre, que chacun le réchercheroit pour lui fournir de l'argent : il commença un peu trop pricipitamment son Canal avec 16. mille livres de fonds seulement, & quoique son Fossé dût être beaucoup plus petit qu'il n'est aujourd'hui, parce qu'il devoit être terminé à St. Chamas, une somme si modique fut bien-tôt dépensée. Il fut réduit à emprunter, & révenant trop souvent à la charge, il manqua de crédit, & fut obligé de traiter à des conditions tout-à-fait onéreuses avec quelques Particuliers & avec quelques Communautez. Le Proprietaire d'une Terre qu'il devoit traverser, exigeoit pour le droit de passage une *Pomme* ou une *Orange* d'Eau, mésure alors usitée : Un autre en obtenoit une Rigole & plus. Quelques Communautez enfin lui accorderent le passage, & se soûmirent à emprunter quelques sommes pour les lui prêter sous interêt, moyennant qu'il s'obligeât d'arroser leur Terrain à un bas prix.

Voilà de quelle façon le Canal fut poussé très-lentement jusqu'à Aiguieres, d'où Mrs. de Montral, Président au Parlement de Provence, de Beyne, de Beaujeu & autres Seigneurs ou Particuliers, entreprirent de le porter à la Ville d'Arles pendant la longueur de 11. lieuës ; sur quoi ils obtinrent des Lettres Patentes d'aprobation & de Privilége du Roy Henry III. données à St. Germain en Laye au mois de Décembre 1584.

Ainsi l'on peut dire avec raison que cette entreprise ne fut ruineuse pour son

Auteur que pour avoir été commencée inconsidérément ; car si Mr. de Craponne avoit sçû déterminer la dépense & pourvoir avant toute œuvre aux frais de la construction, & qu'il eût pû attendre que son Canal fût fini pour en vendre les Eaux & les Arrosages, ou s'il les avoit venduës d'avance pour en être payé en les livrant, loin d'avoir été en proye aux exécutions & aux poursuites de ses Créanciers, qui se colloquerent sur le Canal, il se seroit fait une rente qu'on trouvera immense, en la comparant à celle dont je parlerai bientôt. N'eussai je jamais eu connoissance de la faute de Mr. de Craponne, il me semble que je ne l'aurois pas imité. Je serai à plus forte raison en garde contre un pareil évenement, & j'y pourvoirai de la façon qu'on a vû, & qu'on verra encore mieux dans la suite.

On m'a souvent objecté que les Eaux de la Durence étant quelque fois chargées de Sable & de Limon, amaigrissent alors les Terres ; & l'on cite pour exemple le Canal de Craponne, dont les Arrosages, quoique très-précieux, demandent beaucoup de Fumier : Mais la comparaison du Fossé de Craponne avec le Canal projetté, n'est pas juste, parce que ce premier dérive les Eaux au hasard, sans goût & sans aucune ombre de solidité du lit même de la Riviere, & qu'ayant d'ailleurs peu de profondeur & beaucoup de pente, il ne peut que recevoir & emporter bien loin les parties terrestres dont les Eaux sont quelque fois chargées ; au lieu que le Canal de Provence aura sa prise à travers du Roc solide, dont on pourra facilement fermer l'entrée entierement ou en partie, quand il sera à propos ; sa pente sera moindre, & sa profondeur beaucoup plus grande : Ainsi cette matiere terestre ne pouvant être emportée bien loin, l'Eau ne restera plus chargée que des parties les plus legeres de la Vase & du Limon qui engraissent les Terres. Ce fait est si vrai, que quelques Communautez du Comtat, qui pourroient arroser sans fraix des Eaux de Vaucluse ou Sorgue, préferent & payent cherement les Eaux de la Durence.

On conçoit facilement qu'un Canal large, profond & dont la pente est modique, ne peut emporter que pendant un court efpace les parties du Sable dont la péfanteur eft au-deffus de celle de l'Eau, & que ce Sable doit néceffairement fe précipiter & tomber au fond ; & fi je fupofe qu'il fera emporté jufqu'à la diftance de deux ou de quatre lieuës fi l'on veut, c'eft que j'ai egard, comme je le dois, à la viteffe du volume d'Eau du Canal, & à l'impulfion que ce volume recevra du courant de la Riviere : Par la même raifon les parties les plus legeres de la Vafe & du Limon, toûjours mêlées de quelque matiere aërienne ou bulles d'air, doivent fuivre le courant de l'Eau du Canal, dont la viteffe peut compenfer, du moins à l'égard d'une partie, ce qu'elles peuvent péfer de plus que l'Eau en pareil volume. Cette Vafe & ce Limon rendront les Arrofages du Canal, à quelques lieuës de fa prife, fur tout à Aix & à Marfeille, préferables à ceux des Eaux de certaines Sources; l'expérience en a convaincu, non feulement les Comunautez du Comtat dont j'ai parlé, mais encore celle de Sallon, qui arrofe une partie de fon Terroir de l'Eau de la Touloubre, & une autre partie de celle de la Durence ; celle-ci l'emporte tellement en bonté, que les Foins provenant des Prez qu'elle arrose, valent toûjours le double du prix de ceux qui ont été arrosez par la Touloubre. Il en est à peu près de même dans plusieurs autres endroits moins voisins de cette partie de la Provence ; le détail en seroit trop long. Il en reviendra d'ailleurs un autre avantage connu de tout le monde, en ce que ces parties vaseuses étant gluantes & visqueuses, elles boucheront dans peu de tems tous les pores du fond & des bords du Canal, par où l'Eau pourroit s'échaper, soit Roc, soit Terrain ou Maçonnerie ; on peut s'assurer que les petites fentes ou ouvertures même en seront naturellement & bientôt bouchées : Les plus grandes, s'il y en a, seront aperçûës en creusant, & l'on y remediera avec de la Maçonnerie ou de la Terre Glaise ; ainsi l'Eau ne pourra pas se perdre, ni philtrer long-tems, & les Voisins du Canal n'en recevront aucune incommodité.

Les Arrosages de l'Eau de Craponne, quoique défectueuse & inférieure en qualité à celle du Canal, sont très-estimables ;

leurs effets font fenfibles ; ils ont changé
fi avantageufement la face des Communautez qui en ufent, qu'on ne peut fe ré-
fufer à cette évidence. Le Lieu d'Aiguieres, entr'autres, qui n'étoit qu'un chetif
Village avant qu'une partie de fon Terroir fût abreuvée des Eaux de la Durence, eft aujourd'hui un des plus riches &
des mieux peuplez de la Province : On y
paye la Dîme des Olives : cette Ferme rend
actuellement douze à quinze fois plus qu'elle ne rendoit avant les Arrofages. L'augmentation des autres Récoltes fuit aparemment celle de l'Huile.

Je fçai qu'une infinité de Particuliers
de divers endroits, qui arrofent des mêmes Eaux, foûpirent après la réüffite du
Canal, pour en pouvoir arrofer la partie
de leurs Domaines qui ne fçauroit l'être
par le Foffé de Craponne. Ils fentent avec
raifon que les Eaux du nouveau Canal feront plus épurées. Elles le feront bien davantage pour la Ville d'Aix, & encore
plus pour celle de Marfeille. On pourra
en boire prefque en tout tems dans ces
deux Villes & dans leur Terroir. Que ne
doit-on pas attendre de tels Arrofages, tandis

dis que ceux de Craponne font de si grands biens ? Par leur moyen les Terres donnent annuellement des Récoltes abondantes ; elles sont garanties des inconveniens qui les enlevent si souvent dans les endroits non-arrosez ; comme ailleurs, leurs Olives ne tombent pas, & ne sont pas véreuses par la féchéresse : Elles sont au contraire bien saines & bien nourries. Leur Blé n'est pas brûlé par les ardeurs du Soleil ; leurs Raisins & leurs Fruits ne desséchent pas faute de subsistance ; & s'il leur faut du Fumier, il est aisé d'en avoir : Avec l'Eau, on a des Prairies, des Pâturages, des Troupeaux ; enfin on a de tout.

Pour pouvoir constater le Revenu des Arrosages, il faut déterminer la quantité d'Eau que fournira & dépensera le Canal, & l'étenduë du Terrain arrosable.

Pour déterminer la quantité d'Eau que le Canal recevra & donnera, on doit se rapeller qu'il a été prouvé que dans les tems-même de féchéresse, les Eaux de la Durence sont toûjours assez & trop abondantes, & qu'il a été dit que le Canal peut être mené avec la pente qu'il faut pour donner toute la vitesse nécessaire à l'Eau,

afin d'être affuré qu'il en dépenfera continuellement une quantité connuë & déterminée. On doit encore fe rapeller que
le Canal aura une largeur moyenne de
4. Toifes, fur une profondeur de 8. pieds;
c'eft-à-dire que la fection verticale du
volume d'Eau que ce Canal contiendra,
aura fuivant ces dimenfions une fuperficie
de 192. pieds, ou 27648 pouces quar-
rez, ou enfin 35220. pouces ronds.

Si la viteffe reduite, & moyenne de
l'Eau que dépenfera chacun de ces derniers pouces, eft feulement double de celle
qu'a l'Eau qui fort par une ouverture cir-
culaire de 12. lignes de diamétre, fur-
montée d'une ligne d'Eau à fon bord interieur & fuperieur (ce qui dans l'efpace
de 60. fecondes donne 28. livres d'Eau
poids de marc, & dépenfe un pouce ordinaire) il s'enfuivra que dans le même-
tems d'une minute le Canal dépenfera
& fournira 70440. de ces mêmes pouces, attendu que (comme je l'ai obfer-
vé) la quantité de la dépenfe & de l'é-
coulement d'un volume d'Eau, eft à proportion de fa viteffe ; c'eft-à-dire que fi
cette viteffe eft double, triple ou qua-

druple de celle d'un autre volume d'Eau
de la même hauteur & largeur, il dépenfera en même-tems le double, le triple ou le quadruple de l'Eau que dépen-
feroit ce dernier volume qui n'auroit que
la moitié, le tiers ou le quart de la viteffe du premier ; ce qui ne fouffre aucune difficulté, ne demande aucune preuve, & en eft une nouvelle de l'abondance des Eaux de la Durence, par l'ex-
ceffive rapidité de fon courant.

Ainfi nous pouvons être affurez que
l'Eau du Canal, avec cette viteffe qui peut
lui être communiquée par la pente & par
la hauteur de fon volume toûjours coulant, dépenfera continuellement la quantité de 70440. pouces d'Eau, ou 140880.
canons d'un denier, dont deux équivalent
à un pouce ou environ, ainfi que je l'ai
établi ci-devant. On doit rétrancher de
cette quantité d'Eau, celle qui fera néceffaire pour les Moulins & autres Machines, ayant égard qu'on pourra les conftruire pour la plûpart fur des endroits
penchans, & que les Eaux qui les auront
mis en mouvement, pourront enfuite fervir aux Arrofages. On doit encore rétran-

cher de cette même quantité d'Eau, les 12. mille canons ci devant fupofez vendus, celle que le Soleil attirera, celle que le Vent emportera, & celle qui philtrera à travers les bords & le fond du Canal. En fupofant que pour toutes ces confidérations on dût faire une diminution de 50880. canons, il en refteroit encore 90. mille deftinez uniquement pour les Arrofages.

Pour être perfuadé que cette derniere quantité d'Eau pourra être confommée par les Arrofages, il n'y a qu'à faire réflexion qu'elle fera conduite dans des Terroirs fecs & arides, & d'une telle étenduë, qu'une abondante Riviere fuffiroit à peine pour les arrofer, puifque par des petits Canaux détachez du grand on pourra avec une médiocre dépenfe porter les Eaux fur la furface de près d'un million d'Arpens de Terre. Il feroit à fouhaiter que les Eaux du Canal puffent arrofer la quatriéme partie de ce Terrain ; mais on ne le peut avec 45. mille pouces, ou 90. mille canons d'un denier feulement : Ainfi on eft forcé de réduire ces Arrofages à proportion de l'Eau que le Canal fournira; c'eft

cette réflexion qui a donné lieu à plusieurs personnes très-sensées de m'objecter que le Canal ne contiendra qu'une
partie de l'Eau qui seroit nécessaire; j'en
ai convenu; mais elles ont convenu en
même-tems que cette Eau sera toute venduë & consommée.

Suivant ce que je dirai en son lieu pour
le tems & la maniere d'arroser, ces 90.
mille canons pourroient suffire pour les
Arrosages d'environ 60. mille Arpens de
Terre. Je suposerai cependant qu'ils dussent tous être consommez pour l'Arrosage de 50. mille seulement, ce qui n'est
qu'environ la vingtiéme partie du Terrain qui sera à portée d'en profiter.

Pour sçavoir, sur ce principe, le produit de ces Arrosages, il n'y a qu'à fixer
ce qu'il en coûtera pour chaque Arpent
de Terre. On ne peut se régler sur les
prix des Arrosages du Canal de Craponne,
parce qu'ils sont differens presque par tout,
& que plusieurs Communautez en ayant
acquis le droit, elles se dispensent d'y garder une juste proportion. Les premiers ac-
cords avoient d'ailleurs été mal digerez.
Ils ont souffert dans la suite divers chan-

gemens; & quand même Mr. de Craponne auroit pris la précaution de fixer à
l'avance le prix des Arrosages de son Canal, il n'auroit pas dû les estimer autant
qu'on doit estimer ceux du Canal dont
il s'agit ici. Le sien ne devoit presque traverser que des Plaines, dont la plus grande partie étoit inculte, n'arroser en général que de petits Villages qui n'étoient
rien alors, & qui par le moyen de ces
Arrosages sont à présent peuplez, riches
& fertiles. On ne doit pas non plus se
régler sur le prix que la Ville de Cavaillon fait payer à ses Habitans pour le
droit d'Arrosage des Eaux qu'elle a acquis. Ce prix me paroît trop cher; cependant ceux qui en usent aimeroient
mieux en payer davantage, que de s'en
laisser priver; & quoique les Arrosages
dussent être beaucoup plus estimez pour
des Villes importantes comme Aix & Marseille, que pour une petite Ville comme Cavaillon, je pense que pour favoriser l'exécution du Canal, il convient
d'en rétrancher quelque chose. Cette derniere Ville fait payer annuellement une
charge de Blé pour l'Arrosage d'une éten-

duë de Terre d'une charge de Blé en fémence ; c'eft-à-dire qu'en fupofant le prix de ce Blé à 20. livres, & que chaque charge ou faumée de Terre à Cavaillon contint un Arpent & un tiers (ce que je ne fçai pas précifément) il s'enfuivroit que 50. mille Arpens, ou 37. mille 500. charges ou faumées de Terre donneroient annuellement un Revenu de 750. mille livres, que je réduirai confidérablement, en ne fixant qu'à 9. liv. le prix moyen & annuël du droit d'Arrofage de chaque Arpent de Terre ; & fur ce pied-là les 50. mille Arpens rendroient feulement la fomme de 450. mille livres, qui fuffiroient cependant pour indemnifer de la dépenfe de deux Canaux.

Si on fe fervoit dans cette Province d'une méfure uniforme pour exprimer une certaine étenduë de Terrain, je m'y réglerois dans mes calculs & dans mon eftimation ; mais comme dans un endroit les Terres font divifées par charges ou faumées, dans un autre par Quarterées, Soucherées, Journaux, &c. & que fuivant les lieux on entend fouvent par le même mot une étenduë de Terrain plus ou moins grande, je me fuis déterminé pour l'Arpent qui eft une méfure qui peut être généralement connuë : Elle contient dix Perches en longueur & cent en quarré. La Perche, méfure de la Prévôté & Vicomté de Paris, eft de 18. pieds : Ainfi un Arpent contient en fuperficie 900. Toifes quarrées. J'ai dit ailleurs que la Toife différe de la canne, méfure de la Ville d'Aix, en ce que 49. cannes valent 50. Toifes. La différence d'une méfure à l'autre n'étant pas affez confidérable, dès qu'il ne s'agit que de fuperficie en Terrain, on peut fans une erreur de conféquence confondre en certain cas la Toife avec la canne.

Comme il faut en quelque façon proportionner les prix des Arrofages au plus & au moins de dépenfe qu'il faudra faire pour la conftruction du Canal, je les diviferai dans la troifiéme Partie en quatre claffes, qui feront autant de prix différens, dont le prix moyen & annuël pour le droit d'Arrofage de chaque Arpent, fera d'environ 9. liv. ou 20. fols pour 100. cannes quarrées ; ce qui a été trouvé convenable par plufieurs perfonnes qui m'ont paru être au fait de ces matieres, & que j'ai crû devoir confulter.

Pour fçavoir maintenant à quelle fomme montent tous les Revenus du Canal, on n'a qu'à joindre les quatre differens articles qui les compofent, & qui ont été eftimez ; fçavoir,

Le premier, à la fomme de . . . . o. l.
Le fecond à celle de . . 200000. l.
Le troifiéme à . . . 250000. l.
Le quatriéme à . . . 450000. l.

TOTAL. . . . . 900000. l.

La fomme de 900. mille livres, à laquelle je fais monter le Revenu annuël du Canal, ne paroît pas exagerée, toute grande qu'elle eft ; & fi quelques articles peuvent avoir été trop eftimez, d'autres ne le font pas affez. Le premier même ne l'eft rien du tout : Il n'eft cependant pas à négliger ; il compenferoit au moins les réductions dont les autres peuvent être trouvez fufceptibles : Mais comme la réüffite de mon projet dépend abfolument de la folidité de ces Revenus, je dois la démontrer évidemment, d'autant mieux qu'ils feront fcrupuleufement examinez. Quelqu'un dira peut-être qu'il n'eft pas poffible qu'un Domaine auffi magnifique & auffi fur que le Canal, rende au tour de 22. & demi pour cent des fommes qu'il aura coûté, & que ce Revenu étant porté trop haut, on doit en rétrancher confidérablement, non-feulement parce qu'il a été trop eftimé, mais parce qu'il faut entrer en confidération de la dépenfe annuelle pour l'entretien du Canal, & de l'interêt des fommes qu'il aura fallu avancer fans aucun profit pendant le tems de la conftruction des Ouvrages : Mais avant que de faire aucun rabais fur ces Revenus, il convient de les examiner de plus près & dans un plus grand détail. Je vai faire cet examen en critique fevere.

EXAMEN
du premier Article de Revenu.

La révifion & l'examen des Revenns du Canal commencent bien favorablement. Le premier article de fon produit ne peut être que très-confidérable : Je ne l'ai cependant rien eftimé ; c'eft-à-dire que je

n'ai compté pour rien ni le Revenu de
la Flotaison, ni celui de 400. mille Saules ou Peupliers, ou d'un grand nombre
d'autres Arbres d'un plus grand produit,
que l'on pourra planter au lieu de ceux-
là en plusieurs endroits. J'ai même négligé & abandonné le Revenu de 570. Arpens de Terre à portée d'être arrosez en
partie, possedez en franchise de toutes
charges, & qui doivent être regardez comme n'ayant rien coûté, puisque la valeur
en a été comprise dans l'estimation générale de la dépense du Canal.

EXAMEN
du second Article de Revenu.

En estimant à 100. mille livres le Revenu annuël des Moulins à Blé, j'ai suposé qu'ils fairoient environ les 3. cin-
quiémes de la Farine qui se consomme
à Aix & à Marseille. Il semble qu'on doit
suposer avec raison qu'année commune ces
deux Villes manquent d'Eau environ la
moitié de l'année, & que j'aurois dû par
conséquent compter presque sur toute la
Farine pendant ce tems-là. C'est peu ris-

quer que de fupofer auffi que les Moulins du Canal feront au moins la moitié
de la Farine pendant le refte de l'année;
c'eft-à-dire qu'en tout ils en fairoient les
trois quarts de 600. charges par jour, ou
450. & dans l'année 164. mille 250. qui
fairoient un Revenu de femblable fomme de 164. mille 250. livres, fauf la déduction des fraix & de l'entretien des Moulins. Cette derniere eftimation feroit peut-
être encore inferieure à la débite de ces
Moulins, foit parce que les Négocians de
Marfeille font beaucoup d'expéditions de
Farine pour les ifles Françoifes, & que
ce Commerce peut augmenter confiderab-
lement; foit parce que dans peu d'années
la plûpart des Moulins qui travaillent aujourd'hui feront peut être abandonnez: Ils
feront en général plus éloignez que ceux
du Canal; ils n'auront pas, comme ceux-
ci, l'avantage de l'abondance de l'Eau,
ni des Blutoirs pour paffer la Farine, &
pour épargner cette peine & cette dépenfe
aux Boulangers.

Les Moulins à Vent ne font d'ufage que
dans les cas où l'on n'en a point d'autres, attendu la mauvaife qualité de la

Farine qu'ils font. On pourroit dire qu'ls ne travailleront plus, dès que ceux du Canal feront en état. Plufieurs Seigneurs & Communautez n'ont de l'Eau pour leurs Moulins qu'une partie de l'année : Le Canal leur en fournira dans les tems de féchereffe. Plufieurs autres Communautez manquent abfolument de Moulins à Eau : On pourra leur en donner.

S'il étoit néceffaire d'examiner de bien près le Revenu de tous ces differens Moulins, autres que ceux d'Aix & de Marfeille, je pourrois prouver qu'il s'en faut de beaucoup que je l'aye affez eftimé en le portant, comme j'ai fait, feulement à 15. mille livres ; mais ayant déja confondu & regardé cet article comme devant fimplement fournir à une partie des fraix annuëls & journaliers des Moulins de ces deux Villes, je l'employerai ici à cet ufage.

De tout ce que je viens de dire, il s'enfuivroit que je devrois augmenter le Revenu des Moulins, au lieu de le diminuer : Je fupofe néanmoins que les Moulins du Canal ne feront, année commune, que le tiers de la Farine que l'on confomme actuellement à Aix & à Marfeille ;

c'eft-à-dire 200. charges par jour, &
par année 73. mille charges, qui à raifon de 20. fols par charge pour droit de
Moûture, fairoient un Revenu de 73.
mille livres. Je fupofe encore que les frais
de tranfport du Blé & de la Farine, l'entretien des Moulins & le profit des Meû-
niers, abforberont non-feulement le produit des autres Moulins, mais diminueront
encore celui ci de 23. mille livres, &
reduiront les Revenus de tous les Moulins à Blé à la trop modique fomme de
50. mille livres; cy, ... 50000. l.

Le Revenu des Machines de toute forte, & des Moulins autres que ceux à
Blé, a été fixé à 100. mille livres, fur
le fondement qu'il doit au moins égaler
le produit des Moulins à Blé, fuivant l'a-
vis de plufieurs Négocians & autres perfonnes très-fenfées. Je vai donc traiter cet
article auffi rigoureufement que celui des
Moulins à Farine, en le diminuant de
la moitié, & le réduifant à la même fomme de 50. mille livres; cy . . 50000. l.

Il n'eft pas auffi aifé de démontrer à
l'égard de cet article comme à l'égard des
Moulins à Blé, qu'il eft trop peu eftimé,

n'étant pas poffible, ainfi que je l'ai déja dit, de déterminer à l'avance le nombre & l'efpéce de toutes ces Machines : elles ne fçauroient être que très - multipliées, principalement à Marfeille & dans fon Terroir. On compte 2c. à 25. Moulins à Huile pour la feule Ville d Aix ; qu'on y ajoûte ceux qui feront néceffaires pour Marfeille, pour les Lieux circonvoifins, & pendant tout le refte du cours du Canal & de fes diverfes Branches qui embrafferont un grand nombre de Communautez, où la Récolte des Olives pourra augmenter, comme il eft arrivé à Aiguieres & autres Terroirs arrofés par le Canal de Craponne, on jugera par là de la quantité des feuls Moulins à Huile qui travailleront par les Eaux du Canal. Comme ces Moulins ne travaillent ordinairement que dans le tems qu'on n'arrofe plus; les Eaux qui les mettront en mouvement ne diminueront pas les revenus des Arrofages. Il n'en fera pas de même pour les autres Engins en géneral ; il leur faudra de l'Eau pendant toute l'année : on leur en fournira, par cette raifon, & par celle que leur nombre fera beaucoup plus grand que celui des Moulins à Huile ; leur produit annuel sera aussi beaucoup plus considérable. On observera autant qu'il se pourra de les placer comme les Moulins à Ble , en maniere que les Eaux qui les auront mûs , puissent encore servir à d'autres usages ; ce qui sera très-facile , sur tout près de Marseille & dans son Terroir.

E X A M E N
du troisiéme Article de Revenu.

La vente des Eaux pour l'embelissement & pour l'utilité des Villes & des Campagnes , indépendamment de celle que les Arrosages consommeront, a été ci-devant fixée à 12. mille canons d'un denier ; ce nombre ne paroît pas sans doute trop exageré : mais comme il produit la grande somme de 6. millions 450. mille livres, qui suffiroit & au-delà pour toute la dépense à faire pour la construction du Canal , il faut chercher des raisons pour y faire quelque réduction.

J'ai d'abord suposé qu'on pourra vendre 4. mille de ces canons dans toute la longueur du Canal , depuis la Durence jusqu'au

jufqu'au commencement du Terroir d'Aix,
& depuis ce Terroir jufqu'aux environs de
celui de Marfeille ; c'eft-à-dire, pendant
la longueur de 15. à 18. lieuës de Provence ; outre une pareille longueur, où
pourroient s'étendre les differentes Branches du Canal, je crois qu'il eft inutile
de faire le dénombrement des Communautez & des Maifons de Campagne qui
feront à portée de fes Eaux , & à qui on
en vendra vraifemblablement en proprieté , pour l'ufage que je viens de dire. On
a même de la peine à s'imaginer que le
nombre de 4. mille canons puiffe aprocher de celui dont on y aura befoin. Mais
comme il n'eft pas queftion à préfent de
l'achat qu'on en fera dans la fuite, lorfqu'il n'y aura rien à craindre ni rien à
dire contre la réüffite d'un Canal alors
executé , & qu'il ne s'agit que de déterminer à peu près la quantité d'Eau qui
fera venduë à l'avance, je la réduis à 2.
mille canons feulement, cy, 2000. canons.

Si je devois fuivre la même proportion
à l'égard des 2. mille canons que j'ai fupofé que la Ville d'Aix & fon Terroir a-
cheteront , & à l'égard des 5. mille que

Marseille, son Terroir & les Communautez voisines doivent commencer d'acquerir par souscription, je n'aurois qu'à réduire ces 8. mille canons à 4. mille, & cette grande réduction devroit sans doute me mettre à l'abri de toute objection : mais il convient ce semble avant que de faire un tel rabais, d'examiner s'il est fondé ou non.

Les Villes d'Aix & de Marseille, déja très-embelies, manquent de Fontaines & de piéces d'Eau ; celles qu'on y voit n'ont aucune proportion avec les endroits où elles sont placées. Ces deux Villes très-susceptibles de nouvelles décorations, auroient par le même moyen du Canal une source abondante qui nourriroit de superbes jets d'Eau, de magnifiques Gerbes, & de Napes très-étenduës : On y pourroit faire des Montagnes & des Amphithéatres d'Eau, des Arcs, des Perspectives, des Colonnes & des Obelisques hydrauliques ; en un mot, les plus belles piéces d'Eau qu'on puisse voir ailleurs ; plusieurs même qu'on ne voit nulle part, & qui pourroient être placées avec goût & simétrie. Il faudroit un long discours pour donner

feulement une idée de tous ces Embellif-
femens qui confommeroient fans doute les
8. mille canons dont il s'agit : la démonftration de ce fait m'engageroit dans un
détail inutile : ce que j'en ai dit fert à
prouver qu'au lieu de diminuer ce nombre de 8. mille canons , il faudroit au
contraire l'augmenter de la quantité d'Eau
dont les Habitans d'Aix auroient befoin,
foit pour leurs Maifons , ou pour leurs
Campagnes : il faudroit encore y joindre
celle qui feroit néceffaire aux Habitans de
Marfeille & de fon Terroir. Ce Terroir eft
une feconde Ville ; on y compte 8. à 9.
mille Baftides. Quelle quantité d'Eau ne
faudroit il pas pour les Fabriques de Marfeille & pour tant d'autres ufages ? Ajoû-
tez-y l'Eau dont on auroit befoin dans les
Communautez des environs, & je fuis af-
fûré qu'on trouvera que j'ai trop peu dit :
mais afin d'être à couvert de toute chi-
cane, je réduis enfin ces 8. mille canons
à 4. mille feulement, & cy, . 4000. can.

Je ne doute pas que le génie & le
bon gout des Chefs & des Habitans de
ces deux Villes ne s'accommodaffent par-
faitement de ces nouvelles Décorations,

dont ils conçoivent l'avantage & la beauté : mais comme leur sagesse & leur économie pourront trouver à rédire à une dépense aussi excessive que celle de quelques milliers de canons d'Eau, je vai indiquer un moyen pour en épargner la plus grande partie, & pour reduire, ou peu s'en faut, la dépense de toutes ces piéces d'Eau à leur seule conduite & à la construction des Bassins & autres Édifices.

Toutes les Eaux qui auroient décoré la Ville d'Aix, par exemple, seroient reçûës au dessous du Cours dans un Reservoir assez grand pour porter des Bâteaux ou Gondoles, sur lesquels on iroit prendre le frais & respirer un air temperé dans le tems des grandes chaleurs. Cette espéce de Port ou Bassin termineroit agréablement la belle promenade du Cours & celles des dehors. La Compagnie du Canal seroit tenuë d'en dériver les Eaux, pour les distribuer aux Particuliers qui auroient souscrit, & dont les Domaines seroient inferieurs, sans pouvoir leur donner des Eaux du Canal jusqu'à ce que celles de la Ville fussent toutes consommées ; elles le seroient certainement, parce que les

Terres qui pourroient les recevoir, en ab-
forberoient beaucoup plus.

La Ville de Marſeille auroit une reſſour-
ce à peu près ſemb'able pour les Fabriques,
pour les Jardins & autres uſages particuliers. Les Eaux qui auroient nourri les
diverſes Pièces qui ſeroient au Niveau &
au - deſſus du Niveau du Cours, pourroient
peut-être encore ſervir aux Arroſages de
quelques Campagnes : La ſituation de la
Ville ne permet pas d'employer ces Eaux
comme à Aix, mais auſſi Marſeille a beſoin de Fontaines, ſur tout pour la Ri-
ve-Neuve où l'on en manque abſolument.

E X A M E N
du quatrième Article de Revenu.

Je ſuis très-embarraſſé pour trouver des
raiſons de vraiſemblance au moins, pour
faire un rabais ſur le produit des Arroſages. Je ne dois pas ſonger d'en diminuer
le prix : Chacun conviendra qu'il eſt très-
raiſonnable. Je ne ſçaurois penſer non plus
à diminuer l'étenduë du Terrain, que j'ai
ſupoſé devoir être arroſée. J'ai obſervé
qu'elle ne compoſe qu'environ la vingtié-

me partie de celui qui en a besoin, &
qui peut s'en prévaloir. Toute la quantité d'Eau que le Canal apporteroit ne
suffiroit pas même dans un pays moins
chaud & moins aride. On ne dira pas
non plus que le nombre de 90. mille canons d'Eau qui ont été destinés aux seuls
Arrosages, ne soit suffisante pour arroser
50. mille Arpens de Terre, puisqu'il for-
mera un volume toûjours courant qui sera encore augmenté par la suite ou échapée de plusieurs Machines & Moulins: je
ne vois enfin que des raisons pour augmenter cet article de produit ; mais comme j'ai résolu de faire main basse sur tous
les Revenus du Canal, je réduis celui des
Arrosages à la moitié, en suposant que
de tout ce vaste Terroir qui pourra être
arrosé, on n'en arrosera cependant que
25. mille Arpens, dont le produit annuel
à raison du même prix moyen de 9. liv.
par Arpent, sera de 225. mille livres.

Ce n'est point par une suite d'un examen trop rigoureux, mais par pure su-
position, & pour la satisfaction des criti-
ques, ou plutôt pour l'interêt même du
Canal que j'ai rétranché la moitié de ses

Revenus, c'eſt-à-dire, que le premier ar-
ticle eſt ici eſtimé, ... 0. l.
Le ſecond, ... 100000. l.
Le troiſiéme . . . . . 125000. l.
Le quatriéme . . . . . 225000. l.
____
Et tous enſemble , 450000. l.
____

Sil falloit néceſſairement admettre la
réduction que je viens de ſupoſer ſur les
Revenus du Canal , on ne pourroit le regarder encore que comme un beau Domaine où l'on auroit placé ſes fonds au
denier 10. dans un Pays où l'on achete
les Terres ſur le pied de 2. à 2. &
demi pour cent. Mais comme j'ai anon-
cé que mon projet ſera infiniment avantageux, je ne remplirois pas mes engage-
mens ſi ma démonſtration à l'égard du
produit du Canal en bornoit les Revenus à 10 pour cent ſeulement : j'ai toûjours compté ſur le double ou environ :
je vai prouver que je ne me ſuis pas
trompé dans le cas même où je conſen-
tirois de diminuer ce profit d'autant que
je viens de le ſupoſer.

Je projette d'abord un Canal de 4. Toïses de largeur moyenne, sur la profondeur verticale de 8 pieds. Je détermine la vitesse de ses Eaux toûjours coulantes, & je trouve qu'il en dépense par minute 140. mille 880. canons d'un denier. Je dérive les Eaux d'une Riviere en tout tems trop abondante : Je les porte dans des Pays chauds, arides, & d'une étenduë immense, & entr'autres dans de grandes Villes & dans leurs Terroirs. J'examine enfin quel avantage un tel Canal peut procurer à la Compagnie qui le fera construire, & je trouve, ainsi que plusieurs personnes très-sensées, que son Revenu annuël sera d'environ 900. mille livres, sans y comprendre un article qui en renferme cinq ou six autres, & qui auroit pû porter cette somme à près d'un million. Je tache en établissant ces Revenus, de les estimer plûtôt moins que plus, & malgré toutes ces précautions, je crains qu'on ne dise que je les porte trop haut. Pour prévenir enfin une telle Objection, je les examine de nouveau : Je les diminuë même de moitié, sans aucune raison aparente, & je trouve néanmoins que le Canal est encore une entreprise avantageuse ; je dis plus, elle l'est à peu près autant qu'elle l'étoit avant que d'en avoir si fort diminué le profit.

Quand ce Canal doit coûter 4. millions & rendre environ le 20. pour cent de cette somme, il faut qu'il dépense 140. mille 880. canons d'Eau, afin de pouvoir moudre environ 300. charges de Blé par jour, mettre un grand nombre de Machines en mouvement, distribuer aux Communautez ou aux Particuliers 12. mille canons d'Eau en propriété, & arroser enfin 50. mille Arpens de Terre. Mais dès qu'une Critique outrée veut me forcer de convenir qu'au lieu de 900. mille liv. le Canal n'en rendra que 450. mille, par la raison qu'il fera beaucoup moins de Farine, mettra beaucoup moins de Machines en mouvement, ne distribuera que 6. mille canons d'Eau, au lieu de 12. mille, & n'arrosera que 25. mille Arpens de Terre au lieu de 50. mille, il faut qu'il me soit permis alors de dire avec raison que la moitié de cette premiere quantité d'Eau suffira. Or un Canal qui auroit la même pente & la même profondeur que ce premier, & seulement 2. Toises de largeur moyenne au lieu de 4.

fourniroit précifément la moitié de l'Eau qu'auroit fourni le Canal de 4. Toifes ; & comme celui de 2. Toifes doit coûter environ la moitié moins, il s'enfuivra que fon produit roulera auffi au tour de 20. pour cent, attendu que la proportion de 4. millions à 900. mille livres, eft la même que celle de 2. millions à 450. mille livres.

On pourra m'objecter que la différence de la dépenfe du grand Canal au petit, ne fuit pas la proportion des dimenfions à l'égard des Ouvrages en maçonnerie & du prix du Terrain. Qu'on porte pour cette confidération la dépenfe du petit Canal à 2. millions 500. mille livres : La différence du Revenu ne fera pas fort fenfible Si je ne craignois d'être trop long, je prouverois que ce qu'il en coûteroit de moins pour les creufemens du petit Canal, compenferoit une partie de cette augmentation. D'ailleurs dans la fupofition qu'il fallût fe borner à ce petit Canal, on pourroit diminuer confidérablement la largeur & la hauteur des Aqueducs, en leur donnant plus de pente ; ce qui exigeroit des Murs moins hauts & moins épais. Sur les penchans des Montagnes, où l'on ne devroit pas augmenter la pente du Canal, on lui donneroit plus de largeur, afin qu'il eût moins de profondeur, & que les Murs de soûtenement eussent d'autant moins d'épaisseur, qu'ils devroient être moins hauts.

On voit par tout ce que je viens de dire, que soit que le Canal ait 4. Toises de largeur réduite, ou seulement 2. son Revenu annuel doit aprocher du 10. pour cent ; de maniere que la critique de ce Revenu n'a pû l'empêcher d'être aussi grand que solide. Je vai pousser cette critique plus avant, & même si loin, que personne ne croira jamais qu'il soit possible que ces Revenus soient si fort diminuez quoi qu'il arrive. Si malgré cette ridicule & outrée diminution, je trouve encore le même bénéfice d'environ 10. pour cent, je ne pourrai m'empêcher de dire que mon projet est une vraye Mine d'Or.

Je continuë dans cette nouvelle critique d'abandonner le produit de la Flotaison, celui de 400. mille Saules, Peupliers ou autres Arbres qui peuvent être plantez le long du Canal dans la superficie de

570. Arpens de Terre, qui feront d'ailleurs un beau Domaine, dont je fuprime
ici le Revenu. Je ne compte pour rien le
grand & folide produit des Moulin à Farine, & de toutes les autres Machines. Je
borne enfin tous les Revenus du Canal à
la feule vente des Eaux & aux Arrofages.
Je réduis tellement cette vente des Eaux,
qu'au lieu de 12. mille canons où je l'a-
vois d'abord portée, & de plus de 20. mille
où elle fera fans doute portée dans la fuite, je fupofe qu'on ne foufcrira que pour
2. mille canons en tout; fçavoir, mille canons pour Marfeille, fon Terroir & les
Lieux circonvoifins ; 500. pour la Ville
d'Aix & fon Terroir, & 500. canons pour
tout le refte du cours du Canal & de
fes Branches.

Je diminuë de la même façon, c'eft à-
dire jufqu'à l'excès, le produit des Arrofages, & je fupofe qu'il ne fera foufcrit
que pour 10. mille Arpens. Je fens qu'a-
près de pareilles fupofitions, fi éloignées
de la vraifemblance, les ennemis même
du Canal devroient dire que ma critique
eft plûtôt un déchaînement contre fa réüffite, & un moyen de le faper par le fon-

dement, qu'une voye & un désir de démontrer la solidité de ses avantages ; que
ce seroit assez & même trop de ne compter pour rien plusieurs articles, qui seuls
méritent un Canal ; mais que c'est pousser
la chose trop loin, d'oser proposer que la
vente des Eaux pour l'utilité & la décoration de la Ville de Marseille, où il y
a 7. à 8. mille Maisons, & de son Terroir,
où l'on trouve 8. à 9. mille Bastides, dût
être bornée à environ 500 pouces, ou
mille canons d'un denier, y compris encore les Communautez des environs, qui
seules auroient besoin d'une plus grande
quantité. On pourroit dire de même de
la réduction que j'ai fait sur la vente des
Eaux pour Aix, pour son Terroir & pour
tout le reste du cours du Canal & de ses
diverses Branches. On ajoûtera sans doute, que pour n'arroser que 10. mille Arpens de Terre, ce n'est pas la peine de
tirer un Canal d'une Riviere très-abondante ; de lui donner 22. lieuës de longueur ; de le soûtenir à travers d'un Païs
sec & aride, & au-dessus du niveau de
plus d'un million d'Arpens de Terre ; &
qu'enfin 10. mille Arpens ne faisant qu'une

lieuë quarrée en fuperficie, ne font peut-être pas la dixiéme ou la quinziéme partie du Terroir de Marfeille, & ne compofent qu'une langue de Terre 10. à 11. fois feulement plus large que le Canal avec fes bords. Je conviendrai facilement de tout cela ; qu'il me foit cependant permis de faire mon calcul fur ce diminutif de produit du Canal? Je me flate que loin de détruire l'idée avantageufe qu'on peut avoir de mon projet, j'en ferai voir au contraire toute l'excellence & combien il difere de tous les Canaux qui ont été projettez ou executez jufqu'à préfent.

Pour arrofer 10. mille Arpens de Terre il faudra 15. à 20. mille canons d'Eau, lefquels étant ajoûtez avec les 2. mille que j'ai fupofé devoir être feulement vendus en Proprieté, font 22. mille canons, que je porte jufques à 25. mille 220. pour remplacer l'Eau qui pourroit fe perdre en chemin, ou pour autres confidérations ; & je trouve que toute la quantité d'Eau que doit fournir & dépenfer le Canal, refte fixée à 25. mille 220. canons feulement.

En fuppofant tout ce qui vient d'être dit, il faut admettre de la part du Pu-

blic une méfiance extrême contre la réüſſite du Canal ; & comme il feroit peut-
être juſte qu'une telle méfiance portât ſa
peine . je ne dois pas me donner la tor-
ture pour l enrichir malgré lui. Ainſi au
lieu de lui porter 140. mille 880. canons
d'Eau, comme je l'avois projetté, & dé-
penſer 4. millions pour conſtruire un Canal de 4. Toiſes de largeur moyenne ,
ſur 8. pieds de profondeur , je me réduirois à faire un petit Canal, Foſſé ou Rigole qui auroit la même profondeur , &
ſeulement 6. pieds de largeur moyenne ;
de forte qu'étant mené avec la même
pente , il porteroit préciſement 35. mille
220. canons d'Eau , qui ſont le quart du
premier nombre de 140. mille 880.

Si la différence des Ouvrages & du prix
du grand au petit Canal ſuivoit les mêmes proportions que leurs dimenſions, on
pourroit dire que le premier Canal étant
eſtimé 4. millions, le dernier ne coûteroit
que le quart de cette ſomme : mais comme (ainſi que je l'ai ci devant obſervé) la Maçonnerie & l achat du Terrain
ne différent pas dans la même proportion,
je vai porter la dépenſe de ce petit Foſ-

fé au-delà de ce qu'elle fera certainement, & je l'eftime ici un million 500.
mille livres.

La valeur de mille canons d'Eau vendus pour Marfeille & fon voifinage à raifon de 700. livres le canon, feroit de 700.
mille livres.

Celle de 500. canons pour Aix & fon
Terroir à raifon de 300. livres le canon,
feroit de 175. mille livres.

Celle des autres 500. canons à raifon
de 233. liv. 6. f. 8. d. feroit de 116.
mille 666. livres.

Celle des Arrofages de 10. mille Arpens feroit d'un million 800. mille livres ;
toute la valeur enfin ou le montant des
ventes d'Eau, foit en Proprieté ou pour
Arrofage, qui donneroient lieu à la conftruction du Canal ou Foffé, monteroit la
Somme de 2. millions 791. mille 666.
livres.

J'ai promis de démontrer que nonobf-
tant la ridicule diminution des profits du
Canal, cette entreprife feroit encore très-
avantageufe aux Fourniffeurs. On va voir
fi je tiens ma parole ou fi j'ai avanturé.

La Dépenfe de ce petit Canal a été
fixée

fixée à un million 500. mille livres; mais comme il en coûteroit pour la conduite des deux mille canons d'Eau vendus en proprieté, ayant plus d'égard qu'il ne faudroit à cette nouvelle dépense, je porterai celle de ce Foſſé à un million 791. mille 666. livres; & malgré la double exageration qui porte cette dépense à une trop grande ſomme, je trouve que ſur la conſtruction de ce Canal, il y a pour premier profit un million, qui eſt la difference de la dépenſe à la valeur de l'Eau qui en a été l'objet.

Un ſecond & plus ample profit ſeroit de 10. mille canons d'Eau reſtans, préciſément dans un tems où le Public ne ſeroit plus fondé de croire que le Canal ne réüſſiroit pas, puiſqu'il exiſteroit; ainſi la méfiance étant diſſipée, la quantité d'Eau qu'il y auroit à vendre la rendroit d'autant plus eſtimable, qu'elle ne ſuffiroit pas à la plus petite partie du beſoin de la Province. La Compagnie de ce petit Canal pourroit alors y mettre le prix qu'elle voudroit; ſi c'étoit, par exemple, à mille liv. le canon, elle produiroit 10. millions; à 500. liv. ſeulement, ce ſeroit encore

L

une grande fomme ; elle le feroit, quand
on diminueroit confidérablement ce dernier prix.

Je demande à préfent fi fur une de-
penfe de moins de deux millions, c'eſt
affez gagner que de trouver en quelque
façon à l'avance un million de profit, &
environ deux années après quatre millions,
ou dix fi l'on veut. Ce profit feroit bien
plus grand, fi au lieu de ne donner que
fix pieds de largeur réduite au Canal, on
y en donnoit à proportion du montant
des foufcriptions, puifqu'il porteroit alors
plus de 6o. mille canons d'Eau, & que
la Compagnie en auroit 35. mille à vendre. Que feroit ce enfin, fi à ce bénéfice immenfe on ajoûtoit le produit de
plufieurs Moulins à Blé & autres Machines, qui ne diminueroient point la quantité de l'Eau, en obfervant de les établir
fur des endroits penchans ? Mais je laiffe
ce dernier article pour les fraix de l'entretien du Canal : J'oublie encore le produit de 400. mille pieds d'Arbres, qui
pourroient être plantez fur les bords de
ce petit Canal, comme fur les bords du
plus grand, attendu qu il feroit également

loifible de prendre fur chacun de fes côtez une largeur de 4. Toifes de Terrain,
qui compoferoit d'ailleurs un beau Domaine, exempt de toutes Tailles & autres
Impôts, & de l'étenduë de 570. Arpens.

AUTRE MANIERE
de calculer le produit du Canal.

On peut par un calcul bien fur & bien
fimple, évaluer tout à la fois le produit
du Canal, en fupofant par exemple que
l'Eau qu'il contiendra fût toute venduë
à tant le canon. Qu'on en fixe le prix
auffi bas qu'on voudra : Le produit en
fera toûjours immenfe. Le Canal que j'ai
crû devoir preferer, dont la dépenfe a été
déterminée à 4. millions, & la quantité
d'Eau qu'il fournira par minute, à plus
de 140. mille canons, produiroit une
fomme de plus de 56. millions, fi chaque canon étoit vendu à raifon de 400.
liv. qui eft à peu près le prix moyen des
prix ci-devant réglez, & de plus de 28.
millions, fi le prix étoit diminué de la
moitié, & réduit au-deffous de la jufte
valeur.

L ij

On pourroit dire contre cette façon de ealculer les Revenus du Canal, qu'on n'en vendra pas toute l'Eau. Je puis répondre à cette Objection que peu d années après les Ouvrages finis, la Compagnie du Canal n'ayant que 140. mille canons d'Eau à diſtribuer, n'aura pas le quart de celle dont le Pays auroit beſoin : Tout le monde en convient ; & je concluds de là que toute cette Eau ſera venduë : Mais ſupoſé qu'on n'en vendît que le tiers ſeulement à raiſon de deux cens livres le canon, il rendroit toûjours plus de 9. millions ; de ſorte qu'il y auroit dans cette entrepriſe plus de cent pour cent de profit, dans la ſupoſition même que les deux tiers des Eaux fuſſent inutiles, & qu'il n'en fût conſommé que le tiers à un prix trop bas de la moitié. Mais ſi l'on craignoit de ne vendre que le tiers de cette Eau, pourquoi faire un Canal qui en founit inutilement une quantité au triple du néceſſaire ? Il ne faudroit qu'un Canal qui portât l'Eau ſeulement dont on a beſoin ; ce Canal devroit être moindre des deux tiers ; il ne coûteroit guéres plus du tiers : j'en porte cependant la dépenſe à la moitié ; c'eſt-à-dire qu'il coûteroit par exageration & par ſupoſition la ſomme de deux millions, tandis que la vente de la plus grande partie de ſes Eaux à vil prix procureroit plus de 9. millions.

Si au lieu de ſupoſer que l'on dût vendre à trop bon marché les Eaux du Canal à tant le canon, j'en fixois la conſommation aux ſeuls Arroſages, je fairois obſerver encore une fois que ce Canal ſera à portée d'arroſer près d'un million d'Arpens de Terre, dont les trois quarts en ont réellement beſoin ; je réduirois cependant tous ces Arroſages à environ 100. mile Arpens, & ſupoſant qu'ils conſumeroient toute l'Eau du Canal de 4. millions de dépenſe, on trouveroit que le droit d'Arroſage de chaque Arpent étant réglé à la rente annuelle de 9. liv. prix moyen, ce ſeul article fairoit un Revenu annuel de 900. mille livres ; & ſi, comme dans le précedent calcul, on réduiſoit ces Arroſages à la moitié, la dépenſe ſeroit auſſi diminuée de près de la moitié, & alors 2. millions de dépenſe ou environ, rendroient chaque année la ſomme de 450. mille livres.

Dans toutes ces differentes fupofitions que je viens de faire pour donner en abregé une idée des Revenus du Canal, je ne compte, ni le produit de la Flotaifon, ni celui des Arbres & des bords du Canal ; je néglige & j'abandonne tous ces profits comme s'ils etoient uniquement deftinés à l'entretien du Canal, quoiqu'ils fuffent peut-être fuffifants pour le faire conftruire.

Je crois qu'il feroit inutile d'entrer dans un plus grand détail pour prouver la folidité de ces Revenus. Qui ne voit que mon projet eft un Prothée qui prend toute forte de formes & toutes avantageufes pour ceux qui le feront conftruire ? Il eft aifé de comprendre que la bafe de ces grands Revenus eft la quantité d'Eau que fournira le Canal, & que plus cette quantité fera grande, plus le produit fera grand. Ainfi le Canal de 4. millions doit être preferé à celui de 2. millions 500. mille livres, & à celui d'un million 500. mille livres. On voit enfin que je ne me fuis réduit à propofer de faire ces deux derniers Canaux, que dans le cas où je ne trouverois pas affez de facilité pour conftruire celui de 4. millions, qui est préferable, parce qu'il fournira plus d'Eau. Je suis si pénetré de la nécessité & de l'avantage qu'il y aura d'amener toute l'Eau possible, & qu'on n'en aura jamais qu'une partie de celle qui seroit nécessaire, quelle quantité qu'en fournisse le Canal, que ne voulant pas augmenter la dépense de ce Canal en l'élargissant & en l'aprofondissant, comme il faudroit ce semble faire pour qu'il fournît une plus grande quantité d'eau, j'ai pensé qu'il conviendroit de lui donner une plus grande pente que je n'avois d'abord proposé, afin que ses dimensions étant toûjours les mêmes que je les ai déterminées, il portât d'autant plus d'Eau qu'il auroit plus de pente.

C'est un axiome reçû en Hydraulique, aprouvé par le bon sens & autorisé par l'experience, que la quantité de l'écoulement où la dépense de l'Eau est d'autant plus grande ou plus petite, quoique en pareil volume, que la vitesse de cette Eau est plus ou moins grande. Sur ce principe incontestable, en suposant que le Canal dépensât par minute 140. mille canons d'Eau d'un denier, ou d'un demi pouce avec une viteſſe donnée, ſi cette viteſſe étoit augmentée de la moitié, par exemple, on pourroit aſſûrer que la quantité d'Eau que fournira le Canal ſeroit augmentée dans la même proportion, c'eſt à-dire, qu'il en dépenſeroit 140. mille canons, plus la moitié de cette quantité, & en tout 210. mille canons par minute.

Pour donner cette plus grande pente au Canal, il conviendroit de changer en quelque façon la nature de ſes principaux Ouvrages, & ſa route même en pluſieurs endroits, eu égard à la ſituation des lieux; mais comme il eſt très important d'avoir beaucoup d'Eau, tant pour l'interêt du Public que des perſonnes qui fourniront à la conſtruction du Canal, il conviendra, loſqu'on tracera la route définitivement, d'examiner les changemens que cette plus grande pente occaſionneroit. Un des principaux ſeroit de faire paſſer le Canal au bas de la Ville d'Aix, mais toûjours à ſes Portes; & ſi l'on vouloit embelir la Ville par des Eaux jailliſſantes, il ſeroit facile d'en élever avec une modique dépenſe par le moyen de quelques simples Machines, que l'Eau du Canal mettroit & tiendroit elle même en continuel mouvement. On pourroit d'ailleurs acheter les Moulins superieurs à la Ville: Leurs Faux serviroient pour une partie de ces décorations; il seroit facile de substituer d'autres Moulins inférieurs, que ces mêmes Eaux, après avoir embeli la Ville, ou celles du Canal, pourroient faire travailler. Le Port du Canal seroit placé en dessous du Cours, qui est l'endroit le plus convenable, où il fairoit un merveilleux effet. La difference que cela pourroit faire pour les Arrosages de son Terroir, ne seroit presque pas sensible.

Un autre changement essentiel que cette plus grande pente occasionneroit, seroit d'augmenter considerablement les creusemens du Plan de Campagne, du Chemin de Marseille à St. Pons, & de certains autres endroits. Il seroit inutile de calculer ici la difference que cela fairoit pour ces creusemens J'ai examiné dans tout le détail convenable que plus les creusemens seroient profonds dans ces endroits; que plus on dépenseroit; & enfin, que plus on rendroit cette partie du

Canal difficile, plus on épargneroit d'ailleurs dans tout le reste de son cours jusques à la Durence. Cette derniere partie même deviendroit plus courte & plus facile en tout sens. Les deux grands Aqueducs deviendroient des Aqueducs ordinaires : Les moyens Aqueducs disparoîtroient en partie ; point de Chaussées à faire ; beaucoup moins de Contre Canaux & de Murs de soûtenement ; moins de longueur de Canal sur des penchans ; l'on auroit enfin beaucoup moins d'Ouvrages, & l'on ameneroit beaucoup plus d'Eau.

Les Revenus du Canal, & les avantages qu'il raportera aux personnes qui le feront construire, doivent avoir paru jusqu'ici bien attrayans : J'ose avancer qu'on les trouvera encore plus grands & plus solides, après que j'aurai develope une partie des moyens & des expediens qu'on pourra prendre pour en faire les avances.

TROISIE'ME PARTIE.

MOYENS POUR PARVENIR à trouver les fonds neceſſaires pour la conſtruction du Canal d'Arroſage & de Flotaiſon.

LA plus ſaine & la plus nombreuſe partie des Habitans de cette Province a toûjours regardé le Canal comme très-néceſſaire & très-poſſible: Mais elle a craint en même tems que la dépenſe ne fût au-deſſus du produit, & que nulle Compagnie ne voulût par conſequent riſquer d'en faire l'avance. Cette difficulté, qui eſt la ſeule importante, ſe trouve détruite, de même que toutes les autres, ſi j'ai réüſſi à prouver clairement la poſſibilité de ce Canal; ſi j'ai démontré évidemment les avantages qu'il raportera à SA MAJESTE' & à cette Province, & ſi j'ai ſolidement établi les grands profits qu'en retireront les perſonnes qui le feront conſtruire. Or comme je crois d'avoir fait toutes ces chofes, je puis me flater de voir bientôt l'exécution de mon Projet, & que les Perfonnes les plus prudentes en prendront une idée plus avantageufe que celle que j'en ai donné dans cet Ouvrage.

Si le Public court quelque-fois avec tant d'ardeur après les Entreprifes les plus périlleufes, que ne doit-on pas en attendre à l'égard de celle du Canal, qui eft très-affurée, fort avantageufe & à la portée d'un chacun? Mille perfonnes qui rifquent leur Bien pour un Armement, qui a pour objet une Prife toûjours difficile, incertaine & fouvent imaginaire, ne préfereroient-elles pas une Entreprife qui n'offre que folidité & que profits confidérables? Il femble même qu'après ce que j'en ai dit, on ne doit point être embarraffé pour trouver des perfonnes qui veüillent fournir les fommes néceffaires; mais comme la méfiance va fouvent plus loin qu'il ne faudroit, je propoferai divers moyens pour trouver les fonds, afin que ceux qui croiront mon Projet avantageux, puiffent fe déterminer & me faire leurs propofitions.

PREMIER MOYEN.

Dans le cas où une riche Compagnie goûtera mon Entreprise, & croira y trouver ſes avantages, elle pourra prendre avec moi les méſures convenables, & faire enſuite mettre au-plûtôt la main à l'œuvre, ſi elle eſt determin.e à fournir de ſes propres deniers à toute la dépenſe.

SECOND MOYEN.

Si cette Compagnie ne vouloit contribuer à l'entrepriſe que par ſon crédit, ſans debourſer de l'argent, elle le pourroit en prenant la voye des Actions, & alors elle ſe reſerveroit une partie de la proprieté & des revenus du Canal, en cedant le reſtant aux Actionnaires La portion de ceux-ci devroit être ſans contredit la plus conſidérable & telle qu'il la faut pour procurer un profit au deſſus de celui qu'on trouve ordinairement dans ces ſortes d'entrepriſes, puiſque celle-ci promet & donnera tout cela.

TROISIE'ME MOYEN.

Une Compagnie d'Assurance pourroit encore faciliter l'exécution de ce grand Ouvrage. Elle n'auroit qu'à bien éplucher la dépense & le produit du Canal ; & si elle trouvoit que (toute compensation faite) les Revenus donnassent par exemple seulement le dix pour cent de la dépense, & que ce produit fût sur & démontré, elle pourroit promettre & assurer aux Actionnaires le cinq pour cent de leurs miles, ou à perpetuité, ou sous la faculté de pouvoir rembourser dans un certain tems ; au moyen dequoi cette Compagnie trouveroit un profit considérable, qui ne lui auroit coûté que les soins de l'examen.

QUATRIE'ME MOYEN.

Je pourrois encore m'associer à une Compagnie qui n'assureroit ni ne fourniroit rien pour la construction du Canal, & dont le seul risque & la seule dépense consisteroit à se régler avec moi pour raison des dépenses que j'ai faites

utilement jusques à présent pour rendre
ce projet au point d'évidence où il est,
& à fournir à celles qu'il y a encore à
faire avant que de travailler au Canal;
c'est-à-dire, au Nivellement détaillé, à la
levee du Plan & autres operations nécessaires qui doivent préceder la construction.

Quelques riches Seigneurs ou Négo-
gians formeroient cette Compagnie, qui
donneroit du crédit à mon entreprise. Par
son moyen le produit des Ventes d'Eau
par souscriptions dont je parlerai dans peu,
seroient plus considérables. Cette Compagnie fairoit construire le Canal par la
voye des Actions, & cederoit par exemple les trois quarts du profit aux Actionnaires, & le quart restant fairoit son profit & le mien. Une ou deux personnes
très-riches pourroient suffire pour former
cette Compagnie, & moins elle seroit
nombreuse, plus son profit & le mien
seroit grand, sans rien diminuer de celui des Actionnaires.

CINQUIE'ME MOYEN.

S'il arrivoit, contre toute aparence,

qu'aucune de ces Compagnies ne vint à ſe former. ou qu'elles paruſſent trop tard, je pourrois tenter d'y ſupléer de la façon ſuivante.

Je diviſerois toute la dépenſe du Canal en 4. mille Actions de mille livres, qui ſeroient diſtribuées & venduës dans des Bureaux établis dans les principales Villes du Royaume ; & afin d'en faciliter le débit , on diviſeroit les Actions par demi , & peut-être même par quart.

Ce moyen paroît auſſi ſimple & auſſi facile que celui de faire cette dépenſe par la même voye des Actions & par une Compagnie ; car quoique cette Compagnie diminuât le profit des Actionnaires , qui ſeroit d'autant moindre qu'elle ſeroit nombreuſe , elle inſpireroit beaucoup plus de confiance ; c'eſt pourquoi bien que cet expedient paroiſſe auſſi ſimple , il peut ne paroître pas auſſi ſur. Voici dans cette ſupoſition le parti qu'il y auroit à prendre , pour que les Actionnaires ne riſquaſſent rien du tout.

Dans ces Bureaux les Actions ſeroient venduës & diſtribuées par ſouſcriptions, & le Souſcripteur ne s'engageroit d'en

compter

compter la valeur, que lorfqu'il y auroit toutes les affurances néceffaires que fon argent ne fçauroit être employé ailleurs qu'au Canal.

Supofons ici que ces Bureaux ont été ouverts pendant un nombre de mois, & que les perfonnes qui ont foufcrit dans l'intervalle, fe font engagées de prendre pour 4. millions de Billets d'Actions ; il n'eft plus queftion que de trouver un moyen pour que les Soufcripteurs Actionnaires puiffent compter fans rifquer les fommes pour lefquelles ils ont paffé leurs foû-miffions.

Les Actionnaires, ou la Province elle-même (puifque cela ne l'engageroit à au-cune dépenfe) pourroit établir un Caiffier riche, connu & cautionné , qui auroit dans toutes les Villes où l'on auroit fouf-crit , des Commis dont il feroit refpon-fable , aufquels le montant des foufcrip-tions feroit compté en quatre payemens, & à méfure que l'Ouvrage avanceroit: Ainfi les Actionnaires Soufcripteurs ne rif-queroient rien pour leur argent; mais com-me cet argent devroit être employé au Canal & non ailleurs, il faudroit encore

M

qu'une ou plusieurs Compagnies de riches Entrepreneurs fussent chargées de la construction du Canal , répondissent de la réüssite , & donnassent caution pour le quart de la dépense totale ; c'est-à-dire, de chaque payement qu'on leur fairoit, n'étant pas besoin d'un plus ample cautionnement, attendu que le second quart de la somme ne leur seroit remis qu'après qu'il auroit été examiné que le premier a été utilement employé. Ces Entrepreneurs pourroient même être dispensez de donner caution , s'ils étoient en état d'avancer la dépense du premier quart de l'entreprise , pour en être payez aussitôt qu'il seroit fini , ainsi continuant jusqu'à la fin. Telle Compagnie d'Entrepreneurs ne doit pas être rare : On trouve toûjours gens qui veulent gagner. Les entreprises de cette importance, & surtout celle-ci, donnent infailliblement un profit considerable, & sont à la portée & du ressort de tous ceux qui se mêlent d'entreprendre les Ouvrages du Roy & des Provinces. Ces Entrepreneurs verront d'ailleurs que les augmentations que j'ai faites dans mon estimation, doivent ce

femble compenfer ce qu'ils pourroient trouver à rédire fur les prix des Ouvrages;
Je ne les ai fixez (ainfi que je l'ai dit
ailleurs) qu'après en avoir conferé avec
des perfonnes entenduës. Il leur fera très-
permis d'examiner ces prix d'auffi près
qu'ils voudront. Il eft jufte qu'une telle
entreprife leur donne un profit proportionné à celui des autres intereffez. Il
pourroit même arriver que ce profit ne
fût pas le feul qu'ils trouvaffent dans la
conftruction de ce Canal, puifque fi la
Vente des Eaux & du droit d'Arrofage
par foufcription venoit à rendre beaucoup,
& que les Compagnies de Fourniffeurs tar-
daffent trop à paroître, ou qu'elles exi-
geaffent des conditions qui ne pûffent
me convenir, les principaux Chefs de ces
Entrepreneurs pourroient devenir ma Compagnie pour la conftruction & la proprieté du Canal. Il y auroit alors divers expediens à prendre pour réalifer les Ventes d'Eau par foufcription, afin de fe paffer de Fourniffeurs, & de fe prévaloir de
tout le produit du Canal.

Mais dans tous ces cas & dans tous
les fuivans (avant toute œuvre & pour

M ij

premiere dépenfe) il faudroit payer ou configner la valeur des Terres que le Canal, fes bords & fes differens Ouvrages occuperoient, en la maniere, que Mgr de la Tour, Intendant, trouveroit bon de l'ordonner, afin que ni la Province ni les Propriecaires des Terres n'euffent rien à rifquer.

SIXIÉME MOYEN.

Comme il pourroit arriver qu'aucun des précedens expediens ne fût goûté, ou qu'il le fût trop tard, en voici un fixié-me qui paroît devoir leur être preferé. Il eft rélatif & peut être joint aux autres : Il peut les rendre plus faciles , il doit vraifemblablement unir & former des Compagnies de Fourniffeurs & d'Entrepreneurs. Il peut même me mettre en état de faire tout feul un Canal, quand aucune Compagnie ne fe joindroit à moy : Il peut enfin fi fort aplanir les difficultez de mon entreprife, qu'en le mettant en ufage, on ne doit plus douter de la réüffite.

Ce fixiéme moyen confifte fimplement à s'affurer à l'avance de la confommation d'une partie des Eaux du Canal; c'est pourquoi je ferai ouvrir dans le mois de May prochain (1742.) des Bureaux à Aix & à Marseille, où l'on vendra ces Eaux par souscription.

Les Communautez & les Particuliers qui auront besoin des Eaux du Canal, ne risqueront rien de souscrire pour la quantité qui leur sera nécessaire, puisqu'ils ne pourront être contraints au payement dans aucun cas, prévû ou non, qu'après qu'on leur aura livré l'Eau, & qu'elle sera renduë dans l'endroit de sa destination. Les autres conditions seront déduites ci-après dans tout le détail convenable, afin que les Souscripteurs connoissent à fond la nature de leur engagement, & qu'ils voyent clairement qu'ils ne courent d'autre hasard que de faciliter l'exécution d'un Canal qui leur est si nécessaire. Ce Canal sera proportionné au montant des souscriptions, afin que les Fournisseurs soient assurez de leur remboursement.

Un autre avantage que l'on retirera de ces Ventes d'Eau, sera de sçavoir à l'avance dans quels endroits on doit les conduire préferablement ; c'eſt-à-dire que ſi on ſouſcrit à Aix pour une ſomme ſuf-fiſante pour la conſtruction d'un Canal, & qu'à Marſeille les ſouſcriptions ne mé-ritent pas une certaine dépenſe, je ne m'attacherai qu'à donner un Canal à Aix, & je le terminerai dans la petite Rivie-re de Larc.

Si au contraire on ſouſcrit à Marſeille pour une ſomme proportionnée à la dé-penſe, & qu'on ait été aſſez indifferent à Aix pour ne pas ſouſcrire dans la mê-me proportion, je donnerai un Canal à Marſeille par la route la plus courte & la moins diſpendieuſe, qui s'éloigneroit peut être de celle qui a été ci-devant preſcrite pour Aix ; en maniere que ſi cette derniere Ville vouloit des Eaux dans la ſuite, elle ſeroit obligée de les dériver de bien loin.

Que ſi par impoſſible Aix & Marſeille réfuſoient d'acheter des Eaux, & que les autres Villes & Communautez qui ſont inferieures au cours de la partie du Ca-nal depuis *Canteperdrix* juſques à *Vautu-biere*, ſe trouvaſſent avoir ſouſcrit pour une ſomme ſuffiſante, je ne ſongerois qu'à leur donner inceſſamment de l'Eau, ſoit de *Canteperdrix* ou de *Noves*, ou de ces deux endroits en même-tems, attendu que ces Pays étant plus unis & moins coupez que la route d'Aix & de Marſeille, il eſt facile d'y porter & répandre les Eaux bien loin avec de médiocres dépenſes.

Quoique les facilitez & les ſuretez que les Ventes d'Eau par ſouſcription promettent en faveur de cette entrepriſe, ſoient ſenſibles, je dois néanmoins dire quelque choſe de ce qu'elles ont de commun & de favorable pour les cinq précedens moyens. J'éviterai d'entrer dans un trop grand détail, me raportant aux lumieres du Lecteur pour toutes les differentes formes que ce projet peut prendre par la voye de ces ſouſcriptions, & pour tous les avantages qu'elles procureront aux Compagnies qui auront quelque interêt au Canal.

APLICATION
du ſixiéme Moyen au premier.

Je commence cet examen par l'aplica-

tion de ce dernier moyen au premier:
Et pour cela je fupofe que dans le tems
déterminé ci-après pour réprendre les Regiftres que je remettrai aux Receveurs des
Bureaux, je trouve que le montant des
foufcriptions alors reçûës foit par exemple de 4. millions, & fuffife par confé-
quent pour la dépenfe du Canal.

Le Revenu annuel de ce Canal a été
ci-devant trouvé de plus de 900. mille
livres. Je le réduis pour la facilité du
calcul, ou pour autres confidérations, à
800. mille livres feulement. Ainfi la riche Compagnie dont j'ai parlé en pro-
pofant le premier moyen, ne doit point
balancer de placer fes fonds fur un tel
Domaine, puifqu'elle en retireroit un interêt au denier cinq. Elle n'héfiteroit
point fans doute quand ce Revenu feroit moindre de la moitié; que ne fe-
ra-t'elle donc pas fi en lui remettant mes
Regiftres, & en lui tranfportant mon
droit fur les foufcriptions, je lui affure
fon rembourfement dans quatre années
au plus tard? Il eft aifé de comprendre
que par ce moyen je donne une caution
très-folvable pour ce rembourfement, &

que j'augmente prodigieufement le profit, puifque fournir quatre millions pour quatre années, & en être remboursé feurement après ce terme, ce n'eft proprement fournir que les interêts de cette fomme, qui ne doit être comptée qu'en quatre ou en fix payemens; c'eft-à-dire que c'eft fournir feulement 4. à 5. cens mille livres, & les placer à raifon de 160 pour cent, puifqu'elles doivent rendre 800. mille livres.

Ce grand Revenu étant fondé fur les 140. mille canons d'Eau que le Canal dépenfera, on doit le diminuer à proportion de l'Eau qu'on aura livré aux Soufcripteurs pour le montant de quatre millions. Trois mille canons d'Eau vendus en proprieté, & environ 30. mille qu'il en faudroit pour les Arrofages de 15. mille Arpens, fuffifent pour produire cette fomme : Ainfi 140. mille canons produifant 800. mille livres, 107. mille canons ne produiront plus que 650. mille livres, & l'argent de la Compagnie fera placé à raifon de 130. pour cent.

Cette Compagnie peut s'affurer qu'elle fera remboursée, en faifant examiner à l'avance fi les Domaines pour lefquels on aura foufcrit, font inferieurs au cours du Canal : Elle peut même ne pas payer de fes deniers les 500. mille livres d'interêts des 4. millions, fi au lieu d'employer toute cette derniere fomme à la conftruction des Ouvrages, elle n'en dépenfe qu'environ les trois quarts ; & alors le Canal étant d'autant plus petit, il ne fournira qu'environ 105. mille canons d'Eau, au lieu de 140. mille, & fon produit annuel diminué dans la même proportion de la quantité d'Eau, fera réduit à 600. mille livres.

On pourra m'objecter que le montant des foufcriptions n'ira peut être pas à 4. millions, & que la confiance des Soufcripteurs ne viendra fans doute qu'après que le Canal fera commencé, ou peut-être fini, & non dès aujourd'hui, comme je viens de le fupofer. Je me réduirai fi l'on veut à 2. millions feulement; & pour cela je fupoferai qu'on n'aura foufcrit en tout que pour la vente de 15. cens canons, & les Arrofages de 7. mille 5. cens Arpens de Terre ; & fuivant cette hypotefe, la Compagnie du Canal four-

niſſant , comme dans le précedent cas ,
4. millions en quatre payemens , & n'é-
tant rembourſée que de deux millions 4.
années après, cette conſtruction lui coûtera 2. millions 500. mille livres , & ſes
fonds ſeront alors placez au denier 3.
ou ſeulement à raiſon de 18. pour cent,
ayant égard à l'Eau qu'il faudra remettre
aux Souſcripteurs.

Pour reduire ainſi le profit de cette
Compagnie, il faut ſupoſer qu'on ne ſouſcrira à l'avance que pour mille 50 .ca-
nons d'Eau, & pour les Arroſages de 7.
mille 500. Arpens, qui font une étenduë de Terrain 8. à 9. fois ſeulement plus
grande que celle qu'occupera le Canal
avec ſes bords. Ne ſeroit-ce pas faire tort
au Public, de ſupoſer que ſa méfiance ira
aſſez loin pour ne vouloir pas s'aſſurer ſans
riſque & ſans dépenſe d'une partie au moins
d'une choſe qui lui eſt abſolument néceſſaire? J'aime bien mieux croire que dès
que l'on verra clairement qu'on ne s'ex-
poſe qu'à obtenir ce qu'on ſouhaite, &
à ne le payer qu'après l'avoir reçû, on
ſouſcrira du moins pour une partie des
Eaux dont on aura beſoin ; & cela étant,

quels avantages la Compagnie du Canal ne trouveroit-elle pas dans ces fouscriptions, puisqu'après que le Canal seroit fini, elle joüiroit non seulement d'une grosse rente annuelle, mais elle auroit encore son remboursement au double, & peut-être au-delà, des sommes qu'elle auroit avancées ?

Dans la supofition même où les Revenus du Canal dûssent être moindres de la moitié, ou sa dépense portée au double, cette entreprise seroit néanmoins très-avantageuse à cette Compagnie. Elle y trouveroit encore un profit raisonnable, quand on supoferoit ces deux choses à la fois ; c'est-à-dire, la dépense portée au double & le profit diminué de la moitié : Mais cette Compagnie n'a que faire d'examiner le produit du Canal de si près, puisque par le moyen des souscriptions elle peut & doit surement gagner sans être exposée à perdre. Il lui suffit de se régler sur le montant des souscriptions, pour la dépense générale du Canal : Si cette dépense ne monte par exemple qu'à un million 5. ou 600. mille livres, elle ne doit point se proposer de faire un Canal qui coûte davantage ; mais fe borner à ne dépenfer que 12. ou 13. cens mille liv. & deftiner les 200. mille livres reftantes pour les interèts de cette premiere fomme pendant la conftruction. Un tel Canal fourniroit plus de 30 mille canons d'Eau. Pour avoir un million 500. mille livres en foufcriptions, il ne faudroit vendre qu'une partie de cette Eau : Qu'on fupofe fi l'on veut qu'il fallût en livrer la moitié, & même les deux tiers aux Soufcripteurs : Il en refteroit toûjours 10. mille canons, qui à 500. livres chacun, prix moyen, procureroient encore 5. millions de profit à cette Compagnie, outre celui des bords du Canal.

A P L I C A T I O N
du fixiéme Moyen au fecond.

Si cette Compagnie ne voulant faire aucune avance, avoit recours à la voye des Actions, elle pourroit ceder aux Actionnaires la moitié de la proprieté & des revenus du Canal ; mais comme par le produit des foufcriptions elle pourroit les rembourfer dès que le Canal feroit achevé, leur profit feroit d'environ 80. pour cent, & celui de cette Compagnie de 4. cens mille livres toutes les années, pour avoir feulement pris interêt à mon entreprise, & s'être réglée avec moi.

Tous les avantages que les Actionnaires peuvent retirer des foufcriptions, foit qu'elles foient au-deſſus ou au-deſſous de 4. millions, doivent fe conclurre de ce que j'ai dit en apliquant le fixiéme Moyen au premier. J'ajoûte feulement que les foufcripteurs qui voudroient dans la fuite devenir encore Actionnaires & Proprietaires du Canal à proportion de leur mife, doivent être bien aifes qu'il y ait beaucoup de foufcriptions, puifque par leur moyen la réüffite du Canal eſt aſſurée, de même qu'un profit très-confidérable en leur faveur.

APLICATION
du fixiéme Moyen au troifiéme.

La Compagnie d'Aſſurance dont j'ai parlé dans le troifiéme Moyen, fe trouve elle-même aſſurée par le montant des foufcriptions. Que rifque-t'elle de promettre aux Actionnaires le cinq pour cent de leur mise, dès que les Souscripteurs sont obligez de lui compter le capital de cet interêt après que le Canal sera fini? Je trouve même que ce troisiéme Moyen, joint au sixiéme, est préferable aux autres, & plus avantageux à la Compagnie du Canal, puisqu'elle reste sans risque & sans dépense, avec les revenus à perpetuité, ou peu s'en faut.

APLICATION
du sixiéme Moyen au quatriéme

J'ai supofé que la Compagnie dont il est parlé dans le quatriéme Moyen, devroit ni fournir de ses fonds pour la construction du Canal, ni emprunter ni assurer, & que toutes ses dépenses consisteroient à se régler avec moi pour celles que j'ai fait jusqu'à ce jour, & pour celles qu'il y aura encore à faire avant que de commencer le Canal.

Moins cette Compagnie seroit nombreuse, plus son profit seroit grand; c'est-à-dire qu'en cedant, comme je l'ai dit en son lieu, les trois quarts du produit &

de la proprieté du Canal à des Actionnaires qui fairoient la dépenfe en entier,
le quart reftant feroit le profit de cette
Compagnie. Mais fi avant que de faire
aucune ceffion, elle avoit entre les mains
4. millions en foufcriptions, elle pourroit
fe referver alors les trois quarts du revenu, & deftiner le montant de ces foufcriptions pour rembourfer les Actionnaires, lefquels en confidération de leurs avances, joüiroient au furplus à perpetuité
du quart des revenus du Canal.

Si cette Compagnie vouloit ne remettre aux Actionnaires que la moitié du
montant des foufcriptions, & leur ceder
la moitié des revenus du Canal, les avantages feroient égaux. Si le montant des
foufcriptions n'étoit par exemple que de
2. millions, qu'on les employât à rembourfer en partie les Actionnaires, & qu'on
cedât à ceux-ci la moitié des revenus
du Canal, leurs mifes produiroient 16.
pour cent, & l'autre moitié des revenus
apartiendroit à la Compagnie.

On pourroit auffi dans ce dernier cas,
où les foufcriptions ne feroient que de
2. millions, fe déterminer pour un Canal

nal qui ne coûtât qu'environ cette fomme ; & alors la Compagnie pourroit faire aux Actionnaires le même avantage à proportion, que lorfque les foufcriptions devroient être de 4. millions, & fervir à la conftruction d'un plus grand Canal.

A P L I C A T I O N
du fixiéme Moyen au cinquiéme.

Les Ventes d'Eau par foufcription feroient une nouvelle affurance que je donnerois aux Actionnaires dont j'ai parlé dans le cinquiéme Moyen. J'ai dit que leur argent feroit remis à un riche Caiffier ; que ce Caiffier ne le compteroit qu'à une riche Compagnie d'Entrepreneurs, qui pût répondre de la réüffite du Canal, afin que les Actionnaires ne couruffent aucun rifque. Il y en auroit bien moins, fi avant qu'ils fiffent aucun payement, ce riche Caiffier étoit muni des Regiftres des foufcriptions qui régleroient la dépenfe du Canal, & affureroient d'ailleurs les Actionnaires d'être rembourfez après qu'il feroit fini: Mais comme en confidération de ce que le Canal n'auroit eu fon exé-

cution que par leur moyen, il seroit juste qu'outre ce remboursement ils trou-
vassent encore d'autres avantages, je pourrois leur ceder à perpetuité la moitié de
la proprieté & du produit du Canal, &
la moitié restante seroit pour moy. Mais
comme ce seroit trop, & que mon am-
bition est très-bornée, je fairois part de
ce grand profit aux principaux Chefs de
la Compagnie des Entrepreneurs : Ainsi
ceux qui seroient en état de se charger
de cette entreprise, seroient non-seulement assurez d'un profit plus grand qu'on
ne fait ordinairement dans ces sortes d'ouvrages, mais d'être associez à la proprieté & aux revenus du Canal.

Je cederois encore une partie de ce
revenu aux personnes qui par leur crédit auroient facilité la réüssite de mon
projet.

J'en fairois part enfin à celles qui se
feroient réglées avec moy pour raison des
dépenses que j'ai faites jusques aujour-
d'hui pour mon projet, & pour celles qu'il
conviendra faire avant que de le commencer. La principale & la plus pressante de
ces dernieres dépenses, sera le Nivelement

détaillé & exact qui déterminera précisément la route que le Canal doit suivre, le Plan ou la Carte, & le Profil ou
la Coupe de ce Canal ; l'établissement de
divers repaires pour reconnoître en tout
tems les principaux coups de Niveau ; &
enfin un Devis estimatif qui ne laisse rien
à désirer sur cette matiere ; & si les Entrepreneurs vouloient eux-mêmes entrer
dans ces dépenses, ce seroit une raison
de plus pour grossir la portion d'interêt
que je pourrois leur ceder, & alors la
Compagnie du Canal seroit formée par
les Actionnaires, par les Entrepreneurs généraux & par moi.

De tout cela on voit que les avantages que je tirerai des soufcriptions, peuvent me mettre en état de faire construire
le Canal, quand aucune Compagnie ne
se joindroit à moy, & que pourveu que
j'aye de bonnes soufcriptions, je puis les
réalifer par la voye des Actions, & d'u-
ne façon très avantageuse aux Actionnaires, ainsi que je viens de l'établir ; il se
pourroit même que je les réalisâs sans avoir
recours aux Actions, en m'adreffant à quelques riches Millionaires pour fournir les

ſommes néceſſaires pour la conſtruction du Canal. Toute la difficulté rouleroit à leur prouver que leurs fonds ne ſeroient point employez ailleurs, & que ſans riſque il leur en reviendroit un profit conſidérable. Une ou pluſieurs riches Compagnies d'Entrepreneurs pourroient être chargées de la conſtruction du Canal, répondre de la réüſſite, & donner caution pour la ſomme qu'elles recevroient d'avance, à condition que le ſecond payement ne leur ſeroit fait qu'après qu'il auroit été vérifié que le premier a été utilement employé, ainſi continuant juſqu'à la fin de l'entrepriſe. Mais ſi ces Entrepreneurs avançoient eux-mêmes le premier payement, & continuoient juſqu'à perfection d'Ouvrage, ils ſeroient diſpenſez de donner caution : D'ailleurs les Regiſtres des ſouſcriptions, qui auroient été dépoſez entre les mains des Fourniſſeurs, aſſureroient à ceux-ci le rembourſement après que le Canal ſeroit fini, puiſqu'ils pourroient alors en demander le montant aux Souſcripteurs : Mais comme ce rembourſement ne pourroit être fait qu'en parties briſées ; que la recette en ſeroit peut-être difficile; qu'il feroit loifible aux Soufcripteurs de payer feulement l'interêt au denier 20. des fommes pour lefquelles ils auroient foufcrit; & que l'on feroit redevable de la réüffite du Canal aux avances des Croupiers, il feroit jufte de leur payer très-avantageufement le change des fommes qu'ils fourniroient, lefquelles ne fçauroient exceder les deux tiers de la dépenfe, ni la moitié peut-être, attendu les payemens que les Soufcripteurs fairoient en leur livrant l'Eau chemin faifant, étant facile de la dégorger dans les Riviere & Torrens que j'ai remarqué fur la route; en maniere que les Entrepreneurs pourroient fe faire fuivre par l'Eau, & s'en fervir pour le tranfport des Materiaux, & pour les Arrofages.

On pourroit réalifer le montant des foufcriptions par le concours de la Province, en lui donnant les mêmes furetez qu'aux Croupiers, avec cette difference, qu'elle ne fairoit aucune avance, mais qu'elle commettroit fimplement fon Caiffier pour recevoir les fommes que les Particuliers voudroient prêter à l'entreprife, fous un gros interêt, ou les fournir pour leur compte, & devenir par ce moyen Cô-Proprietaires du Canal à proportion de leur mise. Ce même Caissier fairoit le remboursement aux Créanciers, après l'avoir exigé des Souscripteurs.

PLAN ET CONDITIONS
Pour la Vente des Eaux du Canal, par Souscription.

Comme cette Vente assure la prompte réussite du Canal, j'ai consulté diverses personnes très-sensées, avant que d'en proposer les conditions. Voici celles qui leur ont paru avantageuses pour les Souscripteurs & pour mon entreprise.

Dans le mois de May prochain 1742. j'établirai à Aix chez le sieur David, Marchand Libraire, un Bureau où l'on recevra les souscriptions des Communautez & des Particuliers dont les Terres & les Domaines sont inferieurs au cours du Canal & de ses differentes Branches, depuis la prise des Eaux dans la Durence, jusques au Terroir de Bouc inclusivement.

J'ouvrirai en même-tems deux semblables Bureaux à Marseille ; l'un chez le sieur Boy Marchand Libraire ; l'autre chez le sieur Roux, Marchand près les Augustins. On recevra dans ces derniers Bureaux les soufcriptions de toutes les Communautez & des Particuliers depuis le Terroir de Bouc jufques aux Embouchures du Canal & de fes Branches.

Les Eaux du Canal feront venduës par canons d'un denier, en proprieté ou joüiffance perpetuelle, & pour Arrofages annuels & perpetuels.

Chaque denier d'Eau, méfure ufitée en Provence, équivaut à un demi-pouce ordinaire & à environ un quatorziéme de plus : Ainfi toute ouverture pratiquée au bord du Canal, qui donnera 15. livres d'Eau poids de marc, dans l'efpace de 60. fecondes, 900. de ces mêmes livres dans une heure de tems, & 21. mille 600. livres, ou 308. pieds cubiques & 4. feptiémes en 24. heures, fournira & dépenfera un denier d'Eau.

Les Receveurs des Bureaux auront des Regiftres imprimez, où le Soufcripteur n'aura qu'à remplir le nombre de canons d'Eau qu'il achetera ; dire s'il les deftine pour la Ville ou pour la Campagne ; le nom & le Quartier de la Maison ou du Domaine, & ſigner. On lui remettra un Extrait de cette ſouſcription, ſigné par moi ou par le Receveur du Bureau.

Ceux qui voudront acheter le droit d'Arroſage, n'auront auſſi qu'à remplir le nombre d'Arpens ou de centaines de Toiſes ou cannes quarrées de Terre ; dire où elles ſont ſituées, & ſigner. Il leur ſera délivré un Extrait comme deſſus.

Les Souſcripteurs pour un ou pluſieurs canons d'Eau s'obligeront de la payer en la recevant, ou d'en ſuporter ſeulement les interêts au denier 20. à leur choix, tout le tems qu'ils voudront, ſans pouvoir être contraints de payer plûtôt ni autrement, ſous quelque prétexte que ce puiſſe être, dans aucun cas, prévû ou non.

Les Arroſages ſeront diſtribuez à tous ceux qui en auront acquis le droit, par les perſonnes à ce prépoſées, cinq ou ſix fois chaque mois, à commencer depuis celui de Mars, juſques & incluſivement à celui d'Octobre : Il leur ſera cependant permis d'arroſer pendant le reſte de l'année, en obſervant de ne prendre que l'Eau néceſſaire, ſans abus.

Pour aſſurer à perpetuité l'entretien du Canal & de ſes Branches, les Souſcripteurs payeront annuellement une retribution de deux deniers par livre, outre le prix de chaque canon d'Eau & de 4. ſols 6. den. par Arpent, ou de 6. den. par cent Toiſes quarrées en ſuperficie de Terres Arroſables, outre le prix du droit d'Arroſage.

Pour garder quelque ordre dans la fixation de ces prix, je les diviſe en quatre claſſes, qui comprennent toutes les Communautez où le Canal & ſes Branches pourront porter les Eaux.

La premiere claſſe comprendra tous les Terroirs généralement qui pourront être arroſez par le grand Canal, ou par les differentes Branches qui en ſeront détachées, depuis la priſe des Eaux, juſques & incluſivement au Terroir d'Alain.

Dans tous ces endroits chaque canon d'Eau d'un denier, perpetuellement coulante & jailliſſante, ſera payé une ſeule fois pour toûjours, à raiſon de 200. livres, outre la rétribution annuelle de 2. deniers par livre, pour aſſurer l'entretien.

Le droit d'Arroſage ſera fixé à 6. livres 15. fols par année pour un Arpent; ce qui revient à 15. fols pour 100. cannes quarrées en fuperficie, outre les 6. deniers pour l'entretien.

La feconde claffe comprendra depuis le Terroir d'Alain jufques & exclufivement au Terroir de la Ville d'Aix, & tous les Terroirs qui pourront être arrofez par les diverfes Branches ou petits Canaux qui feront tirez du Canal principal dans cette diftance.

Le prix du canon d'Eau fera de 250. livres, outre les 2. deniers par livre.

L'Arrofage de chaque Arpent fera de 8. livres 2. fols, ou de 18. fols pour 100. cannes quarrées, outre les 6. den. pour l'entretien.

La troifiéme claffe comprendra depuis le commencement du Terroir d'Aix, jufques & inclufivement au Terroir de Bouc, avec les Terroirs des Villes d'Arles & de Tarafcon.

Le prix du canon d'Eau fera fixé à 300. livres, outre les 2. den. par liv.

Les Arrofages feront payez à raifon de 9. livres par Arpent, ou de 20. fols pour cent cannes quarrées, outre les 4. fols

6. deniers par Arpent, pour l'entretien.

La quatriéme claſſe enfin comprendra toutes les Terres qui pourront être arroſées depuis le Terroir de Bouc juſques aux extrêmitez du grand Canal, & des petits Canaux qui en dériveront les Eaux quelle part qu'ils ayent leurs embouchures, ſoit dans le Terroir de Marſeille, d'Aubagne, d'Alauch & autres, ſuivant que le Niveau le permettra, & que les ſouſcriptions l'exigeront.

Le prix d'un canon d'Eau, pour la quatriéme claſſe, ſera de 600. livres, outre les 2 deniers par livre pour l'entretien du Canal.

Le droit d'Arroſage y ſera payé à raiſon de 10. livres 16. ſols par Arpent, ou de 24. ſols pour cent cannes quarrées, outre les 4. ſols 6. den. par Arpent, pour l'entretien des Ouvrages.

Les canons d'Eau qui ſeront vendus en proprieté pour les Terroirs ou Communautez compriſes dans les trois premieres claſſes, ſeront conduits aux fraix de la Compagnie du Canal juſques à la diſtance de 200. cannes des Domaines pour leſquels on aura ſouſcrit, ſans que cette conduite, ni celles dont je parlerai ci-après, puisse augmenter les prix ci devant réglez.

Les canons d'Eau que l'on vendra pour les Terroirs compris dans la quatriéme claffe, feront portez aux dépens de la mê-me Compagnie jufques aux bords du Bien du Soufcripteur, & à un endroit conve-nable; en maniere que l'Acheteur puiffe les faire conduire au centre de fon Do-maine, ou dans un lieu qui domine en-viron la moitié de fon Terrain.

A l'égard des Arrofages de toutes les claffes, ce fera la Compagnie du Canal qui fera les fraix des Rigoles de dériva-tion jufques à l'endroit même qui devra être arrofé.

Les Soufcripteurs qui acheteront depuis 4. canons d'Eau jufqu'à 8. ne payeront que la moitié de la retribution annuelle de 2. deniers par livre pour l'entretien des Canaux.

Ceux qui foufcriront pour un nombre de canons au-deffus de 8. ne payeront que le quart de cette même retribution.

Dans les cas où une Communauté, un Quartier de quelque Ville, comme la Ville-Neuve à Marfeille, ou autres, ou enfin quelque Particulier foufcriroit pour 50. 10o. ou 200. canons d'Eau, ou pour une quantité déterminée par un Orifice ou ouverture d'un pied de diametre plus ou moins, il feroit fait un rabais raifonnable dont nous conviendrions à l'avance.

Il y auroit une diminution au prix des Arrofages, lorfque les Soufcripteurs s'engageroient pour 100. Arpens & au-deffus: Nous conviendrions auffi à l'avance de cette diminution.

Les foufcriptions deviendront nulles & comme non avenuës dans tous les cas fuivans, foit qu'elles foient faites pour achat de canons d'Eau en proprieté, ou pour le droit d'Arrofage feulement.

1º. Si l'endroit pour lequel le Soufcripteur aura acheté, fe trouve au-deffus du Niveau de la Branche la plus voifine du Canal.

2º. Si l'Eau ne peut être conduite à l'endroit de fa deftination, fans Aqueducs ni Regonfles.

3º. Si pour quelque autre caufe que ce foit, la Compagnie du Canal ne porte pas les Eaux à la hauteur & aux endroits ci-devant prefcrits.

Dans tous ces cas il sera cependant permis au Souscripteur de ceder sa souscription à une autre personne, dont le Domaine soit situé en maniere qu'il n'y ait aucune des precedentes difficultez : Il pourra, s'il le trouve à propos, faire la dépense des Aqueducs & des Regonfles ; & en ce cas il ne seroit point tenu de payer les 2. deniers par livre, ou les 4. sols 6. deniers par Arpent, pour l'entretien du Canal.

Le Cessionaire sera obligé, à peine de nullité de la souscription qui lui aura été cedée, de la faire enregistrer, au plus tard six mois après que le Canal sera commencé.

Enfin si pour quelque cause que ce soit, le Canal n'étoit pas encore commencé par toute l'année 1745. les souscriptions n'auroient lieu après ce tems là, qu'autant que les Souscripteurs le jugeront à propos.

Les Receveurs des Bureaux de souscriptions, pourront eux-mêmes établir d'autres Bureaux dans leur département : Celui de la Ville d'Aix comprendra les Terroirs des trois premieres classes, & ceux de la Ville de Marseille, tout le restant.

Les Souscripteurs pour les canons d'Eau en proprieté & pour le droit d'Arrosage, pourront se liberer dès qu'ils croiront trouver leurs suretez, non seulement du montant de leurs acquisitions quand les Eaux leur seront livrées, mais du principal de la retribution destinée pour l'entretien des Ouvrages.

Ils pourroient aussi, s'ils le jugeoient à propos, & qu'ils crûssent le pouvoir faire sans aucun risque, payer à l'avance le montant de leurs souscriptions; en maniere que leur argent fût surement employé pour la construction du Canal : Mais comme ils ne sçauroient être contraints à ce payement; qu'ils ne le fairoient qu'autant qu'ils le voudroient eux-mêmes, & que cependant ils faciliteroient par là l'entreprise, il leur seroit pour cette considération, fait un rabais de 10. pour 100. sur le montant de leurs souscriptions, outre que pendant la construction des Ouvrages, & proportionellement jusqu'au tems que les Eaux leur fussent livrées, la Compagnie du Canal leur fairoit payer annuellement les interêts de leurs avances à raison de six pour cent.

L'évenement du Canal devant enfin être décidé une fois & dans un tems déterminé, & convenant d'ailleurs de favoriſer ceux qui voudront ſouſcrire ou acheter des canons d'Eau ou des Arroſages par ſpeculation, les prix ci devant réglez ne ſubſiſteront que depuis l'ouverture des Bureaux juſques 4. mois après que j'aurai donné au Public un Devis eſtimatif en forme, le Nivellement détaillé du Canal, & le Plan de la route qu'il doit ſuivre; & ce terme expiré, les prix ſeront augmentez de 15. pour cent pendant deux mois ſeulement, après leſquels il y aura une pareille augmentation qui ſubſiſtera à perpetuité; c'eſt-à-dire que ſix mois après que ce Plan aura paru, le prix des Eaux du Canal, ſoit pour Arroſage ou en proprieté, ſera augmenté de 30. pour cent, étant ſeulement permis alors à la Compagnie du Canal de vendre ces Eaux à ce prix, & même au-deſſus ſi elle le trouve à propos, mais jamais au-deſſous, à peine de tous dépens, domages & intéréts en faveur des Souſcripteurs qui auront ſeulement ſouſcrit pour profiter de la négligence & de la méfiance peu fondée

dée de ceux qui ayant befoin d'Eau, ont néanmoins differé de foufcrire, & qui feront dans la fuite obligez d'acheter préferablement des Soufcripteurs par fpeculation, qui pourront leur faire des conditions plus avantageufes que dans les Bureaux, où l'on aura fubftitué d'autres Regiftres, & fixé un prix plus haut de près d'un tiers, & peut-être de beaucoup au-deffus.

On ne recevra cependant les Soufcripteurs par fpeculation, qu'autant qu'ils feront folvables pour payer le montant de leurs foufcriptions, s'il arrivoit qu'ils ne les vendiffent point à d'autres dont les Domaines fuffent inferieurs au cours du Canal. Ils feront tenus de déclarer les endroits pour lefquels ils deftinent les Eaux, dans le terme de 4. mois, après que la prife du Canal fera finie, afin que la Compagnie puiffe être en régle pour la diftribution des Eaux.

Comme il ne faudra vendre qu'une petite partie des Eaux du Canal, pour avoir en foufcription une fomme égale à la dépenfe de cette entreprife, il pourroit arriver que la Compagnie fit fermer

O

les Bureaux avant même qu'il se fût écoulé 4. mois après que le Nivellement & le Plan seront rendus publics : Elle pourroit aussi faire la même chose, quoique le montant des souscriptions fût fort au-dessous de la dépense, si elle vouloit de ses fonds supléer à ce qui s'en manqueroit. Dans tous ces cas les personnes qui auroient souscrit, seroient assurées d'avoir les Eaux au prix & aux conditions ci-devant déterminés ; mais celles qui auroient négligé d'acheter par souscription quand les Bureaux étoient ouverts, ne le pourroient plus qu'en argent comptant, & avec une augmentation de 30. pour cent au moins, dès qu'ils seroient fermez. Cette réflexion est une raison de plus pour s'empresser de souscrire, & sur tout par spéculation.

Les souscriptions qui avoient été reçûës en 1738. & 1739. dans la Ville de Marseille, seront nulles si elles ne sont renouvellées. Les anciens Souscripteurs ne se feront pas une peine sans doute de souscrire encore, puisque les nouvelles conditions leur sont plus avantageuses que les anciennes.

CONCLUSION
de ce Traité.

La néceffité de faire un Canal en Provence a été reconnuë de tous les tems; la Maladie contagieufe & la Guerre firent échoüer ce projet en 1628. & en 1663.

En 1724. c'eft-à-dire, à peine la derniere Contagion a-t'elle ceffé, que la Province épuifée d'hommes & d'argent, ne trouve de folide reffource que dans la conftruction du Canal : On projette même d'en dériver les Eaux des environs de Sifteron. Une Montagne dans le Terroir de Vinon parut un obftacle : On pouvoit la cotoyer ou, ce qui convenoit encore mieux, la laiffer bien loin en traçant la route du Canal du côté de Manofque, & traverfant enfuite la Durence à Mirabeau fur un Pont Aqueduc qui auroit fervi à un double ufage. On cede cependant à cette difficulté : On imagine d'établir la prife des Eaux au Roc de *Cante-Perdrix*, qui eft à 3. lieuës en deffous de Vinon; mais malheureufement

on va se heurter à une autre Montagne
que j'ai prouvé ne pouvoir être sur la
route du Canal. Ce chimerique obstacle
fait regarder cette entreprise comme trop
difficile, & prive d'une infinité d'avantages & Sa Majesté & cette Province.

J'ai prouvé cependant que non seulement ce Canal étoit très-possible, mais
même facile, & que toutes les difficultez disparoissoient en suivant la route prescrite par Mr. Colomby.

J'ai encore prouvé que la Compagnie
qui en fera la dépense, ne peut que s'y
enrichir.

Que peut-on conclurre de tout cela,
si ce n'est que ce projet ne peut manquer d'avoir son exécution ? Il est possible & même aisé ; il est interessant pour
le Roy ; il est très-nécessaire à cette Province ; il procurera un profit considérable à la Compagnie qui le fera construire. En faut-il tant pour être assuré
que la Cour l'aprouvera, que la Province
le favorisera, & que plus d'une Compagnie voudra y prendre interêt.

ERRATA.

EPITRE DEDICATOIRE.

Page 3. Ligne 18. dûës,   *lisez* dûs.

PREFACE.

Pag. 4. Ligne 12. Fournisleurs, *lisez* Fournisseurs.
Page 6. Ligne 12. essent,   *lisez* eussent.

ANALISE.

Page 2. Ligne 23. procuter,   *lisez* procurer.
Page 10. Ligne 5. pour Aix, Marseille & Ta-
    rascon, *lisez* pour Aix & Marseille.
Page 11. Ligne 7. distance de la Cam-
    pagne, *lisez* distance la Campagne.
Page 43. Ligne 6. M. le Duc, *lisez* Mgr. le Duc.
Ibidem Ligne 23. Mrs. Lebret, *lisez* MM. Lebret.
Page 44. Ligne 17. à M. Orry, *lisez* à Mgr. Orry.
P. 49. L. 10. Mrs. les Intend. *lisez* MM. les Int.
P. 59. L. 19. bien moins, *lisez* beaucoup moins.
Page 77. Ligne 15. 629500.   *lisez* 629005.
Page 79. Ligne 24. rencontrera, *lisez* rencontra.
Page 85. Ligne 6. 113775.   *lisez* 113778.
Ibidem Ligne 10. 339444.   *lisez* 329444.
Page 110. Ligne 4. 470.   *lisez* 570.

Page 118. Ligne 14. Biaux,   *lisez* Lieux.
Page 119. Ligne 13. 350.   *lisez* 250.
P. 120. Ligne 26. imputeroient, *lisez* imputent.
Page 144. Ligne 18. 6. millions 450. mille
                    lisez 5. millions 480. mille.
P. 145. L. 25. 2. mille canons, *lisez* 3. mille can.
P. 146. L. 16. le même moyen, *lisez* le moyen.
Page 150. Ligne 10. courant, *lisez* coulant.
Page 160. Ligne 9. 300. livres *lisez* 250. liv.

www.ingramcontent.com/pod-product-compliance
Lightning Source LLC
LaVergne TN
LVHW012008170726
843503LV00001B/280